FOR
106
BEGINNERS

満洲国

Manchuria Studies

砂上の楼閣「満洲国」に抱いた野望

川村 湊

イラストレーション
辻下浩二

現代書館

FOR BEGINNERS 106

満洲国（Manchuria Studies）［目次］

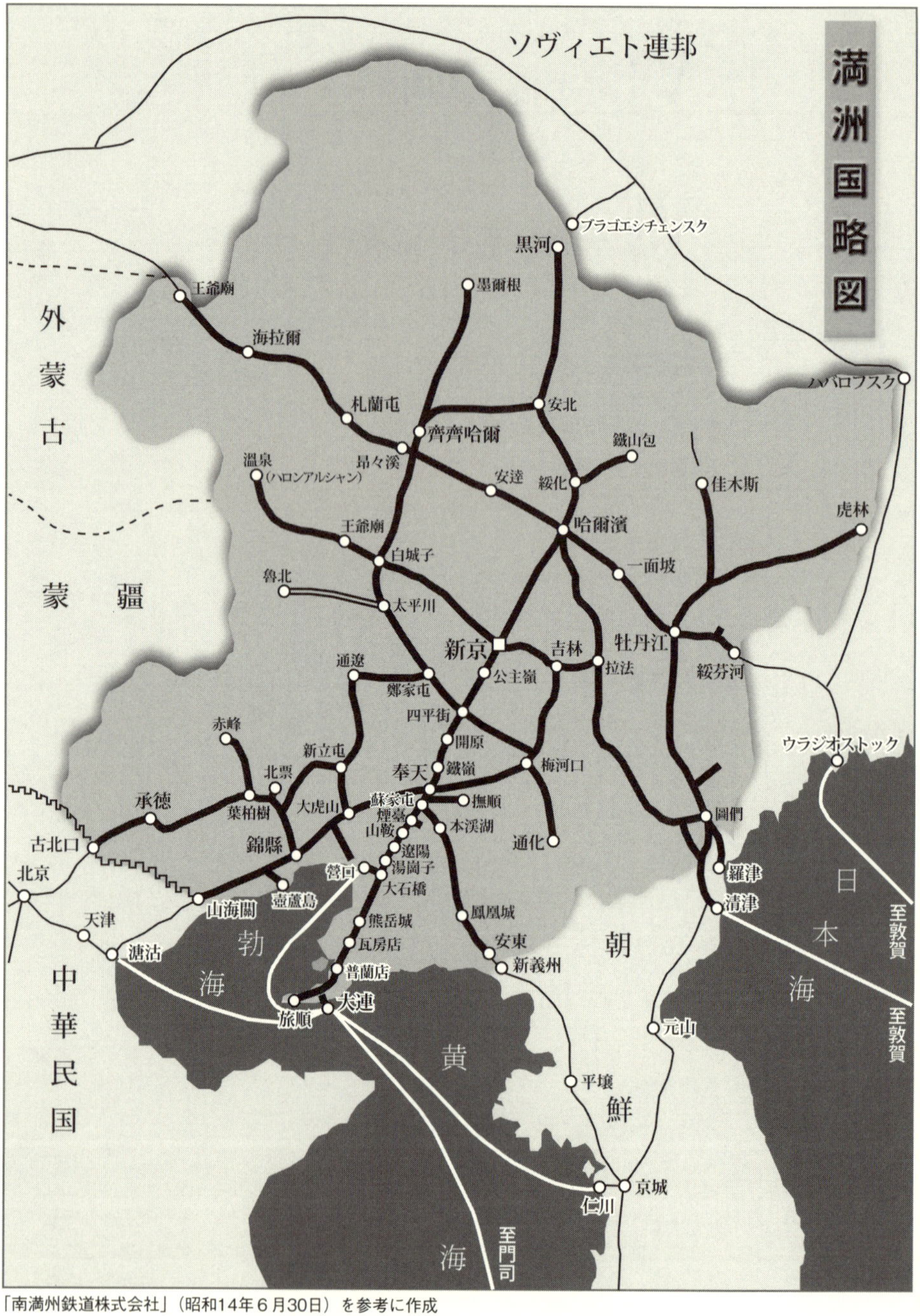

「南満州鉄道株式会社」（昭和14年６月30日）を参考に作成

I
「満洲国」の成り立ち

1

「満洲国《まんしゅうこく》」は、1932年３月１日から1945年８月18日まで、13年５カ月にわたって中国の東北部（現在の東北三省、遼寧《りょうねい》省、吉林《きつりん》省、黒竜江《こくりゅうこう》省を中心とした地域。この三省に、現在の内モンゴルのホロンバイル地域などの一部が属する）に存在した独立国である。しかし、この「国家」には、国というものを構成する大事な要素が一つ欠けていた。それは「国民」の不在である。

国土、国民、主権は、近代国家（ならずとも）を構成する三大要素であり、そのどれか一つが欠けても「国家」は成立しない。それなのに、「国民」不在の「満洲国」とは、いったいどういうことか。答えは簡単だ。「満洲国」には「国籍法」がなく、誰を「満洲国」の「国民」として認めるかという基本的な規定がなかったのである。だから、「満洲国」という国土に住む住民がいても、誰が「国民」で、誰が「国民」ではないか、という基本的な区分ができなかったのだ。

一応、3000万人といわれる「国民」と見なされる住民たちはいたのだが、それは「満洲国」のスローガンが「五族協和」という多民族国家であったことから分かるように、民族的には漢民族（いわゆる中国人）、満洲民族（女真《じょしん》族）、日本民族、朝鮮民族、モンゴル民族（その他にロシア民族、オロチョン族やツングース族などの狩猟・放牧の北方少数民族、ユダヤ人やアルメニア人などの故地を失った流浪の民族など、複雑で多様な民族からなる〝住人〟がいた）と、きわめて多様だったのである。

「満洲国」は、その成り立ちから「民族国家」たりえなかった。そして「国民国家」を目指すには、まず、その最初の「国民」という概念（国籍の規定）が成り立たなかった。「満洲国」崩壊後に中国（中華人民共和国）がそれを「偽満洲国《ウェイマンチョウゴウ》」と呼ぶのは、日本の傀儡《かいらい》国家、帝国主義・日本が植民地的占領地にデッチ上げた〝ニセモノ〟の国家にしかすぎないということと、「国民」の規定すらない、国家の態をなしていないインチキの「偽国家」であることを意味していよう。

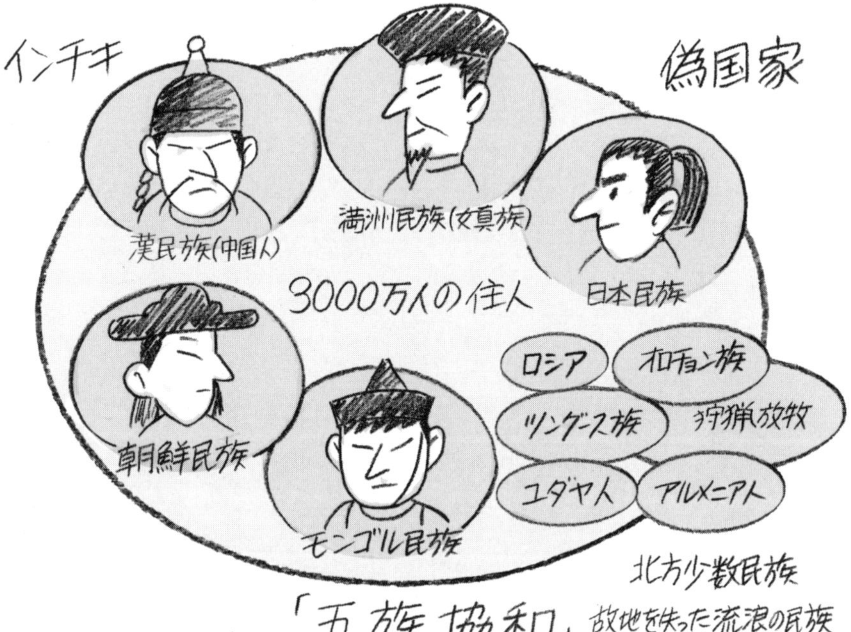

1932年４月、時の国際連盟は、英国のリットン卿を団長とする調査団を建国宣言をしたばかりの「満洲国」へ派遣し、その独立国としての資格や現状に関する調査を行った。そして、それが、住民たちの合意も、故地としての中国（中華民国）の同意も、国際社会の認知もない、日本の軍部や一部の政治家たちがデッチ上げた傀儡国家であるとして、その政権の正当性に大きな疑問符を突きつけたのである。

この調査書の報告に基づき、1933年２月24日の国際連盟での会議は、「満洲国不承認決議案」を賛成42票、反対１票（日本）、棄権１票（シャム＝現タイ国）で採択した。この決定を不服として日本の首席代表の松岡洋右《ようすけ》は、ただちに国際連盟からの脱退を宣言し、「満洲国」成立をゴリ押しする代償として、国際的な孤立を受け入れなければならなかった。国連脱退を表明して、議場を後にして、そのまま国際連盟本部のあったスイスのジュネーブから帰国した松岡洋右は、帰国した日本で国民の熱狂的な歓迎の人波に出会うことになるのである（それぐらい、当時の日本のマスコミや国民は、国際的孤立を意に介さなかったのである）。

満洲国の建国は、中国（中華民国）の抵抗や反対、そして国際社会の反撥や干渉を無視し、それをねじ伏せる形で無理矢理に強行された。それは日本国内の政治勢力によっても、必ずしも一致し、統一された意思によるものではなかった。1931年に柳条湖《りゅうじょうこ》付近における武力衝突を引き金とした満洲事変を引き起こし、満洲での日本軍（関東軍）の軍政支配を目論んだ石原莞爾《いしわらかんじ》や板垣征四郎たちの強硬派にしても、満洲国という独立国の建国にまで一気に踏み切るには、逡巡があったといわれる。

そうした、さまざまな思惑と欲望と希望と陰謀と詭計に満ちた新国家の建設。それは、日本の軍国主義、帝国主義の拡大路線による危険な賭であり、大アジア主義者や、近代的な官僚主義的な統制国家制度の実験場としてあったのである。

板垣征四郎大佐　石原莞爾中佐

2

1909（明治42）年９月、夏目《なつめ》漱石《そうせき》は、学校時代の友人だった中村是公《よしこと》に誘われて、満洲と朝鮮の旅に出た。中村是公は、南満洲鉄道株式会社（略称満鉄）の第２代目の総裁。満鉄は半官半民の、当時の日本において最大の株式会社だった。中村是公総裁は、旧友であり、世にときめく小説家の漱石に、満鉄を宣伝、広告してもらいたいという望みを持ち、漱石を満洲・韓国（当時は大韓帝国）の旅行に招待したのである（漱石は、このときの紀行文を「満韓ところどころ」として、『朝日新聞』紙上に1909年10月22日から12月30日まで連載した）。

「へえー、此奴は妙な所へ着いたね」というのが、漱石が満洲（正

確には大連港《だいれん》だから、関東州だが）を見た第一印象だった。鐵嶺《てつれい》丸の甲板から見る港の「河岸の上には人が沢山並んでいる。けれども其大部分は支那のクーリーで、一人見ても汚らしいが、二人寄ると猶見苦しい」と漱石は、差別意識を丸出しで書いている。もっとも、漱石ならずとも、当時の日本の知識階級に自由・平等・博愛の人権意識を求めたところで、森で魚を求めるようなものだろう。見苦しいクーリー（苦力）の集団が犇《ひしめ》いていることに驚く漱石は、この、すでに実質的に日本の植民地となっている「満洲」に対して、正当でごく自然な眼差しを持っていたといえるかもしれない。「汚らしい」クーリーたちを見ることから始まった漱石の「満洲」の旅は、建設途中の植民地を見るものだった。

あれは何だいと車の上で聞くと、あれは電気公園と云って、内地にも無いものだ。電気仕掛で色々な娯楽を遣って、大連の人に保養させる為に、会社で拵えているのだと云う説明である。電気公園には恐縮したが、内地にもない位のものなら、頗る珍しいに違ない……

其内馬車が、電車の軌道《レール》を敷いている所へ出た。電車も電気公園と同じく、今月末に開業するんだと云って、会社では今支那人の車掌運転手を雇って、訓練のために、ある局部丈の試運転を遣らしている。……

馬車が岡の上へ出た。其処はまだ道路が完成していないので、満洲特有の黄土が、見るうちに靴の先から洋袴《ズボン》の膝の上迄細かに積もった。……

まさに、普請中、建設の槌音の高い植民地・満洲だったのだが、1932年３月の「満洲国」建国宣言に至るまでを考えると、「満洲国」前史は、きわめて長いスパンを持っていたといえる。それは1894年８月の日清戦争まで遡らせることが可能だろう。朝鮮半島での覇権をめぐる大日本帝国と大清帝国両国の戦いは、日本の勝利に終わり、日本は清から遼東《りょうとう》半島や台湾の割譲を受け、アジアでは唯一といってよい植民地帝国・日本が誕生したのである。

苦力《クーリー》

山口県赤間市（現下関市）の春帆楼《しゅんぱんろう》で、全権特使の伊藤博文と李《り》鴻章《こうしょう》との間で締結された、いわゆる下関条約（馬関《ばかん》条約）によって、台湾とともに割譲を受けた遼東半島は、露・独・仏の「三国干渉」によって清国へ返還することになり、遼東半島はロシアが租借地として清国からその施政権を委譲されることになる。ロシアは、東清鉄道の権利を委譲され、ロシアのシベリア鉄道から満洲へと南下する鉄道の建設を行い、遼東半島の最先端の駅となる大連（ダーリニー）に、ロシア風の新しい都市を建設する。円形広場を中心として放射状に道路が広がる西欧風の街並みが、中国の土地に出現したのである。夏目漱石が見たのは、そうしたロシアの建設した都市を受け継いで、さらに西欧的、近代的都市として建設途中の大連の町だったのである。

1904 ～ 05年の日露戦争の終結の講和条約（ポーツマス条約）によって、日本はロシアから、大連、旅順《りょじゅん》の遼東半島の租借地としての権利と、長春《ちょうしゅん》（寛城子《かんじょうし》）から旅順までの鉄道（東清鉄道南満洲支線）とその付属利権を譲渡された。これをもとに設立されたのが満鉄で、1906年11月に、資本金２億円という、当時最大の株式会社として発足したのである。この資本金のうち、半分は日本国内で調達され、あと半分はロンドンなどの海外市場で外債として調達された。初代総裁は後藤新平、台湾総督府で民政長官だった彼の植民地行政の手腕が買われて、満鉄総裁として送り込まれたのであり、よくも悪くも、満鉄、および満洲における日本人の政治的、経済的支配は、彼の個性的

下関条約
(馬関)
李鴻章
伊藤博文

仏
独
ロシア
三国干渉
遼東半島を
清国へ返還

軌道電車
電気公園
満鉄調査部
後藤新平
総裁
中村是公
夏目漱石

な発想に基づくものとなったのである。

その一つに、たとえば満鉄調査部の設立がある。民間のシンクタンク、あるいは情報・諜報活動を担う組織として、調査研究機関をつくったことは、単に経済的、産業的、商業的な「植民地」としてだけではない、支配構造、政治体制、社会制度を模索しようとする試みの象徴だったといってよい。漱石が見た満洲は、後藤新平から総裁の座を譲られた２代目、中村是公のときのものだが、「内地にもない」電気公園や軌道電車の敷設などは、後藤などの満洲統治の夢を抱いた日本人が、「内地」では果たせない新天地、新世界の建設を目指す第一歩のものだったともいえるのである。

株式会社が運営（経営）する植民地としての満洲。もちろん、これは大英帝国の東インド会社がインドを植民地支配したという形式に倣ったものだが、朝鮮半島の東洋拓殖会社が、主に土地、農地の獲得と再分配、農業経営を植民地経営の根本とした（それは「農《のう》者《は》国《くに》之《の》大《おお》本也《もとなり》」という東アジアの農本主義的な思想が介在していたといっていいだろう）のに対し、鉄道網を中心とした満洲という植民地の経営は、石炭などの鉱業、貨物としての農作物の生産・流通から加工・消費までの全過程、運輸から観光、商業施設、娯楽・観光施設、文化施設の建設など、一大総合企業としての展開があり、まさに鉄道そのものが、

帝国の「植民地」支配の枢軸だったのである。

また、遼東半島の先端の大連・旅順の関東州と、満鉄の線路の付属地を守護する役割で編制された軍隊が関東軍の前身である。日露戦争後、日本は旅順に関東都督府をおいて、満洲を支配しようとしたが、この都督府の民政部が関東庁となり、陸軍部が関東軍となった。関東庁は租借地としての関東州を統治し、関東軍には満鉄全線のうち、関東州以外の鉄路の部分の625キロメートルについて、線路１キロにつき、15名の兵士の駐留が認められたのである。これによって最大人員として9375名の日本の軍隊が、中国施政下の満洲地域に配置されることになったのである。

植民地（租借地）と満鉄の権益を守ることから始まった関東軍が、やがて自ら巨大化し、日本の中央政府、日本陸軍中枢部のコントロールを離れて、植民地経営に当たってゆくことになり、関東軍による満洲支配がのちに実現することになるのである。

関東都督府

3

夏目漱石が、大連で泊まったのは「ヤマトホテル」である。これは満鉄が直営していたホテルで、大連以外には奉天《ほうてん》（瀋陽《しんよう》）や新京《しんきょう》（長春）、ハルビン（哈爾濱）など15カ所にあった。都市の一等地に西洋式の高級ホテルを建造し、鉄道と結びつけ、物流とともに人流を、満鉄の主要業務にしようという考え方は、当時においても斬新なものであったといえる。日本で最初の旅行会社、ジャパン・ツーリスト・ビューロー（ＪＴＢ）の事務所ができたのは、大連であったし、満鉄自慢の「あじあ号」は、最高時速130キロメートルのパシナ型機関車に引かれた流線形の最新式特急列車であり、各車両には冷暖房をそなえ、パノラマ展望車や豪華な食堂車を設備した、まさに「内地」にもない、モダンな列車だったのである。その満鉄の線路を特急の「のぞみ」や「ひかり」が走っていたというのは、はるかのちの戦後の日本列島の新幹線の先蹤《せんしょう》をなしていたといえるのである。

満鉄は鉄道線として、大連―新京間の連京《れんきょう》線、蘇家屯《そかとん》―安東《あんとう》の安奉《あんぽう》線、周水子《しゅうすいし》―旅順の旅順線、大石橋《だいせききょう》―営口の営口線の、いわゆる満鉄社線のほか、満洲国有線としての満洲国内に張り巡らされた鉄道線も、運営を委託され、経営していた。大連市外の沙河口《さかこう》にあった汽車工場は、工場面積60万坪、従業員数4700人という規模であり、専用の水道、発電所を持ち、汽車製造から修理にまで当たっていた。満鉄本社自体は、1937年当時で、資本金は８億円、満洲全域に擁する社員は11万３000人という大組織だったのである。

撫順《ぶじゅん》や本渓湖《ほんけいこ》の炭鉱や鉱工業、鞍山《あんざん》の製鉄業、港湾の埠頭・倉庫の経営、農業や牧畜、工業や農業の試験場、病院、保養所（熊岳城《ゆうがくじょう》、湯崗子《とうこうし》の温泉療養所、五龍背《ごりゅうはい》温泉ホテルや和風旅館の開発も行った）、そして旅順工科大学や満洲医科大学などの教育機関や、大連やハルビンの満鉄付属図書館や資源館などの文化施設の経営・運営まで、満鉄の事業は多角的であり、複合的であり、総合的だった。それは企業が、株式会社が、「国家」の代わりとして、人間社会の全般を統括し、経営し、運営してゆくという、いわば「企業国家」「資本主義国家」の究極的な形態を目指したものといってよかったのである。

だが、もちろん、満鉄初代総裁の後藤新平が「国家」に代わりうるものとして満鉄をつくり上げようとした構想は、必ずしも成就しなかった。日本軍が多大の犠牲によって獲得した遼東半島（関東州）――乃木希典《まれすけ》の指揮した旅順の二〇三高地の攻防が有名である――と南満洲の鉄道網を、簡単に政治家や官僚や民間人に任せてしまうほど、軍人たちはお人好しでも、世間知らずでも、無欲でもなかった。満鉄とその事業に介入し、介在し、時にはその権益と実権を自分たちのものとしようとしたのである。

当時の満洲には、日本の、大きく分けて三つの政治勢力が、三派として鼎立していたといえる。一つは、国家に代わりうる株式会社としての満鉄であり、もう一つは、もともと満鉄の付属地の守備隊から発足した関東軍であり、さらに残りの一つが、関東州租借地を日本政府の意向を受けて統治する日本領事館（関東州政府）である。

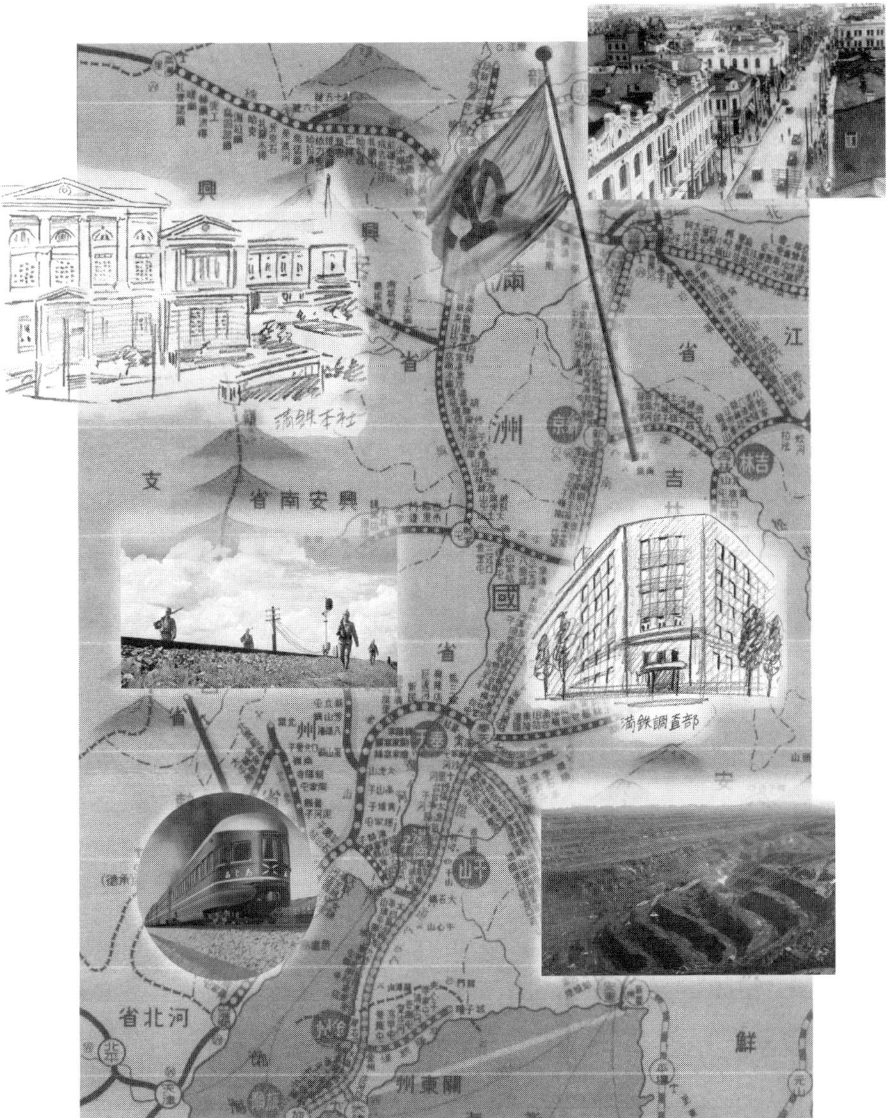
満鉄本社
満鉄調査部

三つの政治勢力
日本領事館
（関東州政府）
関東軍
満
洲
満鉄

同床異夢
呉越同舟
キメラ的
山室信一

こうした三派鼎立の構図は、満洲国成立以後も基本的には変わらず、「満洲国」建国以後は、首都となった新京（長春）に置かれた満洲国政府、関東軍本部、そして満鉄本社という「三頭政治」とならざるをえなかったのである。これにさらに、満洲国協和会などの民間とつながった組織、そして日本人の農業移民を担当した拓務省（のちに大東亜省）といった「本土」の組織とが、満洲において互いに覇を競い合っていたといってよいのである。

満洲国の建国以降は、満洲国政府、関東軍、満鉄、日本政府などの、山室信一（京大教授）のいう、いわゆる〝キメラ〟的な多頭政治という統治が行われ、これらの勢力は「呉越同舟」でありながら、「同床異夢」の関わり合いであった。これは、日本にとって満洲とは何か、満洲をどうとらえるかという、長期的なビジョンの有無や、歴史的な使命に対する考え方についての相違であった。いわば「思想としての満洲」の差違であり、見解の違いであったといえる。

満洲という場所をめぐって、日本にはさまざまな考え方、思想的な角逐《かくちく》があった。それは、満洲のみならず、近代日本そのものをどうとらえ、どのようにその未来をつくり出してゆくかという経綸に関わっている。満洲とはそうした思想的な実験場としての意味を持っていたのであり、当時の政治家、官僚、軍人、民間指導者、教育者、学者、思想家、文学者、芸術家、宗教家などに、それぞれの満洲観の表明と、「満洲問題」の解決の方策とを突きつけずにはおかなかったのである。

後藤新平（ごとう・しんぺい）

1857年、岩手県水沢生まれ。1929年、東京で死去した。

台湾総督府の民政長官として、植民地経営のエキスパートとして出発した後藤新平は、台湾総督や満洲軍総参謀長（のちに総理大臣も）を歴任した児玉源太郎《こだまげんたろう》の後ろ盾を得て、満鉄の初代総裁に就任した。

最初、医学を志した後藤は、その行政能力を買われて、児玉台湾総督に台湾での植民地行政・経営に携わることを慫慂《しょうよう》された。台湾では土地調査、交通網の整理、都市計画、貨幣整理事業など、民政面での合理化、近代化を推進した。満鉄の経営には、台湾総督府での経験を生かして、「文装的武備」を主張した。これは、朝鮮の植民地経営が、初期の「武断政治」、それを改めて「文化政治」と政策を変えることによって、民政の方針が一貫しなかったことを踏まえて、単に武力による植民地支配ではなく、教育や衛生、生活文化の向上などを目指し、文化施設を充実させることが、侵略に対する抵抗運動の防備や防衛となるという信念だとされている。

満鉄では、鉄道会社でありながら、シンクタンクとしての満鉄調査部の設置、総合的なコンツェルンを目指した炭鉱、製鉄業、港湾施設、交通網の整備などの産業面での充実のほかに、衛生・教育・文化機関の設立なども推進した。

台湾時代からブレーンとして京大教授の岡松参太郎《さんたろう》などを招いていた彼は、満鉄にも岡松を満鉄理事として迎えて、軍人や軍事参謀ではない民間人（学者、産業人）による経営を理念としたのである。

やはり台湾時代の人脈の一人、中村是公に２代目総裁として満鉄経営を任せた後藤新平は、日本へ帰り、鉄道局総裁、外務大臣、東京市長、内務大臣などを歴任し、東京市長時代には、近代的首都建設に尽力したが、軍人による軍国主義が強まるなかで、彼の国家や都市の統治、行政の理念は、現実政治と齟齬する面が少なくなかった。

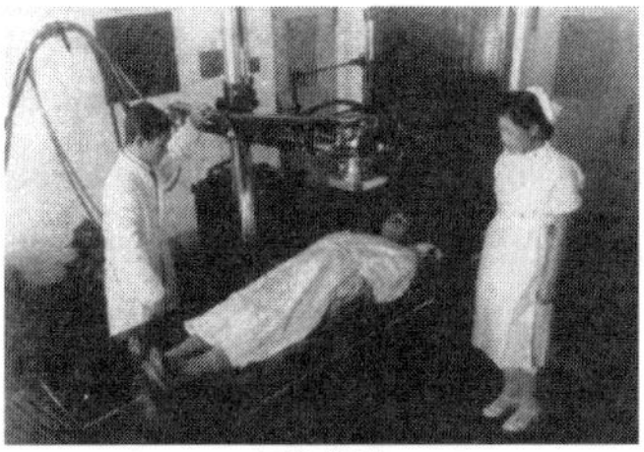

厚生施設

大同学院

建国大学

新京中央放送局

新京音楽院・哈爾濱交響楽団

満洲国赤十字社

II
日本にとって「満洲」とは何だったのか

1

「日本にとって『満洲』とは何だったのか」、こうした問いは、これまであまり問われないままに、満洲という場所が政治史的に、軍事史的に、そして近代史、昭和史の一コマとして論じ続けられてきた。中国にとって、「満洲」とは何か、という問いは、比較的簡単に答えられるだろう。それは清朝を建てた満洲族（女真族）の故郷の地（故地）であり、近代の一時期（淪陥期《りんかん》）に日本帝国主義によって占領され、植民地とされた地域であり、〝偽満洲国〟という傀儡国家がつくられた場所であるということだ。

満洲族、朝鮮族、北方少数民族などが居住する地域で、昔は満洲族の建てた清王朝の父祖の土地として、漢族の流入を許さない封禁政策が取られていたが、19世紀から20世紀にかけては、山東省や河北省などから漢族が流入し、一大農業地帯として発展した。

また、1910年の日韓併合後に、朝鮮半島から故郷の地を追われて、間島《かんど》地方に朝鮮人が流入し、彼らは水田開発を行い、土地所有や灌漑工事や水利権をめぐって、1931年には地元の中国人農民との紛争（万宝山《まんぽうざん》事件）も引き起こされた。また、帝政ロシアは、伝統的に冬期間の不凍港を求めて沿海州から南下しようとする政策を取り続け、中国との国境紛争が断続していたが、やがて沿海州やウラジオストックを中国側からもぎ取り、シベリア鉄道を建設することによって、満洲北部から遼東半島へと勢力を広げてきたのである。
　1917年のロシア革命のあおりを受けて、革命後のソビエト・ロシアの成立を嫌ったり、迫害された、いわゆる白系ロシア人が、森と川と草原と湿地帯を越えて、ハルビンなどの中国領に流れ込んできた。むろん、それ以前から、ウクライナに端を発する軍事的共同体のコサックがロシアとモンゴルと満洲との国境地帯のホロンバイル地域、いわゆる三河（トリョフレーチエ）地方に定住して、畑作、牧畜などの

ペリー

農業を行っていた。
長い間、日本にとっては、そこは何の意味も、イメージも持つものではなかった。せいぜい古代の渤海《ぼっかい》国の故地であり、エゾ地としての北海道で、アイヌ民族が対岸の沿海州に住む人々（山丹《さんたん》人と称した）と山丹貿易を行っていた山丹地域として認識されていた程度で、日本との関わりが特別に問題視されるようなことはなかったのである。
幕末、明治維新期となって、ようやくこの地域が日本でも注目されるようになった。それは、ロシア人の南下の恐怖によってだった。アメリカのペリー提督の率いる黒船による来寇が当時の日本を震撼させたように、北方からの黒船、ロシア人の来寇も、鎖国体制の安眠を貪っていた日本人にとっては、驚天動地といってよい体験だった。にわかに北方の探検や守備が問題とされ、樺太（サハリン）、沿海州、そして満洲の地域が、日本人の関心領域のなかに入り込んできたのである。
司馬遼太郎の小説『菜の花の沖』や『韃靼《だったん》疾風録』で描かれたような、日露の関係史や、満洲族（女真族）、蒙古族、ツングース系の北方少数民族と日本民族との出会いや交渉が、歴史として強調されるようになったのである。間宮林蔵《まみやりんぞう》のエゾ地や樺太の探検、伊能忠敬《いのうただたか》の日本地図の作成などは、こうした〝夷狄《いてき》〟（異民族）の来寇に対応する

ペリーの黒船

ものであった。

西郷隆盛に発するといわれる征韓論は、鎖国体制の夢から覚めざるをえなかった近代日本が、最初に考えついた外交政策であり、民族国家としての日本を、外勢から防禦するための防衛政策にほかならなかった。つまり、日本の隣国である、李王家の支配する頑迷固陋《ころう》な朝鮮を放置しておくと、西欧列強の勢力の草刈り場となることは間違いなく、中国やロシアやアメリカなどに周囲を囲まれている日本は、朝鮮に親日政権を樹立させることによって、少なくとも大陸から半島へ、そして日本列島へと押し寄せてくる敵対勢力（仮想敵国としてはロシア）に対抗しようとしたのである（そのため、金玉均《キムオクギュン》などの開化派に日本は加担、支援したが、金玉均の失脚、暗殺に終わり、朝鮮の改革は挫折した）。

朝鮮（高麗《こうらい》）は、元の時代にも、元の軍隊といっしょに日本に襲来したという、悪夢のような歴史的な記憶がある。列島侵略の通過道として朝鮮半島が使われるということは、すでに「元寇」が証明していることなのだ。頑迷で固陋な朝鮮の政府（李王家）を倒し、あるいは近代化し、日本と朝鮮とが共同で、ロシアの南下の圧力に対抗しようというのが、征韓論の本旨といえるのである。

明治維進を模範とした
朝鮮の独立・近代化を
目指したクーデターを起こすも
3日で終了。
墓が日本の
真浄寺と
青山霊園に
ある。
金玉均

朝鮮半島の全羅道《チヨルラド》地方を中心とした、全琫準《チョンボンジュン》に率いられた農民軍としての東学党の乱（甲午《こうご》農民戦争）への日本軍の出兵、閔妃《ミンビ》暗殺事件、日清戦争、日露戦争、朝鮮の属国化、さらに1910年の日韓併合へと至る道は、日本がその防衛ラインを、朝鮮半島、満洲、モンゴルへと拡張してゆく展開上にあったので

大陸の敵対勢力は、朝鮮半島を
通過して日本に押し寄せてくる。
日本と朝鮮とが共同して
ロシアの南下の圧力に対抗する
＝
征韓論の本旨

西郷隆盛

ある。漱石の紀行文の標題にあるように「満韓」という、満洲と韓国（大韓帝国）とを合わせた呼び名が日本で一般化していったのは、朝鮮（韓国）と満洲とは日本から見れば、一体の地域であり、日本列島へ対する外国軍の襲来、侵略への防衛線として見ていたためと思われる。「満鮮（韓）」から「満蒙」への呼称の変化は、「日本の生命線」が、朝鮮半島からさらに満洲、蒙古（モンゴル）へと広がっていったことを示している。それはさらに「蒙疆《もうきょう》」という、モンゴル（蒙古）―新疆《しんきょう》ウイグル自治区にまで生命線、すなわち防衛、防禦のための線であり勢力圏の前線を、拡張しようとしたのである。

2

「満蒙は我が国の生命線」といういい方は、軍事的な防衛線という消極的な意味と、地下資源や農業生産物、労働力といった積極的な意味での資源の供給地、そしてその資源を加工し、商品化した生産物の消費市場という意味を持っていた。もちろん、1931年９月の満洲事変の際に松岡洋右が提唱したといわれている「満蒙生命線」説は、積極的な攻撃や侵攻こそが最大の防御とする、日本軍の軍事拡大路線を後押しするものであり、日本政府、参謀本部の満洲事変の不拡大方針を無視して、独断して独走した関東軍の暴挙を結果的に許すものだった。

しかし、これはその後の際限のない軍事衝突の連鎖、すなわち戦争の拡大を意味することは自明だった。日本列島と朝鮮半島との安全保障のために、満洲における日本軍の制圧や治安維持が必要だとしたら、今度は、その満洲の安全保障のために、シベリアやモンゴルや新疆地区への軍事進出は当然のこととなる。攻撃は最大の防御という誤った

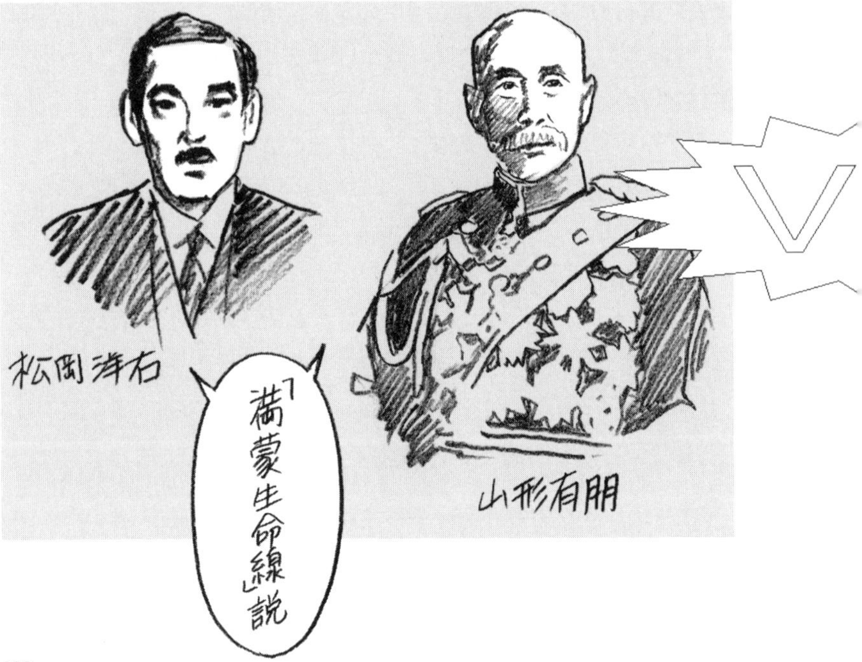

「防衛思想」による「満蒙は我が国の生命線」という考え方は、いずれ無限大に拡大し、破綻し、挫折するものにほかならなかったのである（日本軍は、アジア・太平洋戦争の末期には、拡大方針を引っ込められないまま、ビルマからインパールまで侵攻した）。

ただし、「満蒙は我が国の生命線」とするような、軍事的な拡大主義、帝国主義的な植民地獲得、北進路線を選択しようとしたのは、昭和時代の松岡洋右がその始めではなく、明治時代の山縣有朋《やまがたありとも》をはじめとする大日本帝国陸軍の主流派を構成する軍人たちであった。のちに「八紘一宇《はっこういちう》」や「満蒙は我が国の生命線」と称するスローガンに代表されるような満洲領有論を展開していたのである。これはロシア＝ソ連を仮想敵国として、その勢力を日本本土（内地）はもちろんのこと、朝鮮半島、遼東半島（関東州）に至らせないための防御線、緩衝地域としての「満蒙」や「蒙疆」というとらえ方であり、こうした政策による武力衝突の危険性は、のちにノモンハン戦争（ノモンハン事変）として、日本軍（満洲軍）とソ連軍（モンゴル軍）の軍事衝突として現実化されることになる。ソ連（ロシア）もまた、満洲を自らの勢力

圏として囲い込み、日本のシベリア、沿海州などの北方への侵出を阻もうとしていたからである。

こうした「満蒙生命線」説に対立するのが、石橋湛山《たんざん》のような「小日本主義」であり、彼は、満蒙で得た日本の権益を放棄し、満洲事変の不拡大方針を取るべきであり、軍事的、経済的な勢力圏、あるいは防衛線や国境線を日本列島内にとどめることを主張した。占領、領有といったコストやリスクの多い方策ではなく、満蒙の資源を貿易、輸入という経済的な方策で日本に持ち込むほうが、経済的に見ても有利であり、いたずらに隣国としての中国、ロシアを刺激し、国際的緊張を高め、軍備や兵員の拡大や拡充を迫られることよりも、合理的で採算に合う政策だと主張したのである。

これは、大日本主義という近代日本のメイン・ストリームとは真っ向から対立する思考方法だが、必ずしも現実的な考え方ではないと否定されるべきものではなかっただろう。拡張主義、大日本主義の展開の帰結が、1945年８月の敗戦であり、その戦後の日本の経済発展を見れば、戦前の日本も、中国大陸や東南アジアといった「大東亜共栄圏」の政治的、軍事的支配権を持たずとも（日本列島の本来の領土だけでも）、経済大国の道を歩むことは可能だったという結論が出されるはずだからだ。

だが、『東洋経済日報』の主筆のジャーナリストであり、戦後にわずかの時期だけ総理大臣となった石橋湛山の勇気ある満蒙領有放棄論は、満洲の権益は、日清、日露の戦争で多大な犠牲者を出して（血で）贖《あがな》ったものという国民的感情や軍部の防衛思想と真っ向から対立するものとして、まさに少数者の意見でしかなかった。日本の帝国主義的な膨張・拡大に対する冷静で、客観的な〝正論〟は、石原莞爾や板垣征四郎といった在満の日本軍（関東軍）幹部の独断的独走を阻止するものとはなりえなかったのである。1931年９月18日、奉天北方の柳条湖の鉄道線路爆破という謀略（板垣征四郎大佐、石原莞爾中佐らを中心として、奉天特務機関の花谷《はなや》正《ただし》少佐や今田新太郎大尉、河本末守《すえもり》中尉らが工作を実行した）によって満洲事変を起こし、対中国（中華民国）戦争（十五年戦争）の火ぶたを切った日本軍は、日本

リットン調査団

爆破のあと

の中央政府の不拡大方針を尻目に、戦線を拡大し、満洲全域を制圧し、いっきょに満洲国の建国へと事を運んだのである。

大清帝国の皇帝への復辟《ふくへき》（いったん退位した皇帝が再び帝位に就くこと）を望んでいた愛新覚羅《アイシンギョロ》溥儀《プーイー》を天津《てんしん》から密かに満洲へと連れ出し（甘粕《あまかす》正彦が関与していた）、軍閥や馬賊の頭領などを抱き込み、満洲の中央にあった小さな町の長春を「新京」という新都として建設し、皇居や首都としての政府施設はもちろん、日本の支配権力の象徴として建国神廟という日本式神道に倣った宗教施設をつくり、そこに日

旧宮廷府の鉄製門扉
満洲の国章

愛新覚羅《あいしんかくら》溥儀《ふぎ》（アイシンギョロプーイー）

本の宮内省から贈られた三種の神器の模造品の神鏡、神剣などを奉り、国家精神の礎としたのである。

こうした満洲国建国の背景に、関東軍参謀だった石原莞爾の特異な「思想」を見逃すわけにはいかないだろう。日本陸軍切っての秀才といわれた石原莞爾は、世界最終戦争論という独自の戦争思想を持っていた。これは、日本と米国とが、世界の覇権をめぐっての最終的な世界大戦を行い、その勝利者が世界を統一することによって、戦争の廃棄、永遠平和が実現されるという考え方であり、そのために日本は満

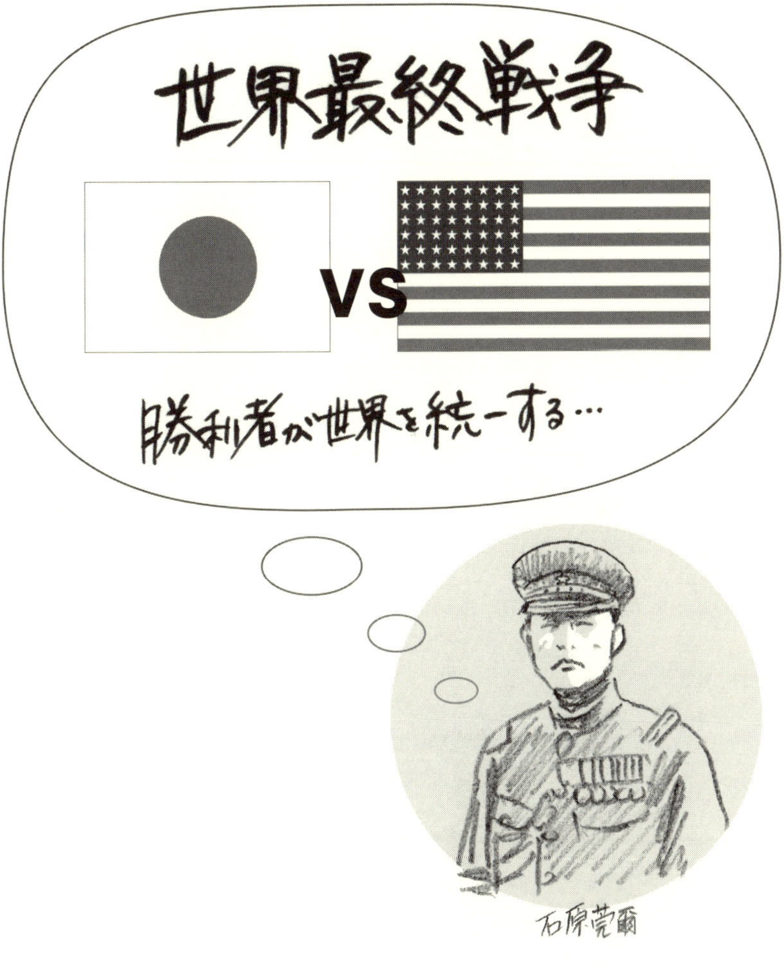
世界最終戦争
VS
勝利者が世界を統一する…
石原莞爾

洲を自分たちの陣営に巻き込み、鉱工業や農業の資源の調達や労働力の提供など、日本本国を補完する勢力圏とするという発想だった。

もちろん、こうした考え方から「満洲国」の建国ということが必然的に導き出されるものではない。独立国とせずに、中国内の自治領としながら、事実上は日本の勢力圏として半植民地状態とするということも可能だったし（軍政による支配ということも考えられていた）、朝鮮のように日本が併呑《へいどん》するという選択肢もありえただろう。だが、結果的に石原莞爾（たち）は、いっきょに満洲国建国に走った。中国人による自治的な統治という形の独立国として、中華民国の政治勢力から切り離すことが、急務と考えられたからだろう。張作霖《ちょうさくりん》のような軍閥出身の中国人統治者を謀殺するような事件（1928年６月、張作霖爆殺）を起こしたのも、満鉄の権益を、新しい並行した鉄道網をつくることによって包囲的にとり崩そうとする中国側の抵抗や経済的な反攻に危機感を抱かざるをえなくなっていたからである。張作霖の後継者である息子の張学良《ちょうがくりょう》が、国民党政府の蔣介石と手を結ぶことによって、はっきりと抗日、反日の連帯網が中国東北部にできあがることを恐れたのである（結果的にそうなったが）。

また、政党政治の日本政府や日本軍参謀本部などからの掣肘《せいちゅう》や横槍を排除するためにも、石原や板垣らは、独立国の体裁を取らせながら、実質的に彼らが背面から牛耳るという傀儡国家をデッチ上げることにしたのである。

張作霖爆殺事件

爆殺事件の現場

抗日・反日の連帯網

3

石原莞爾や板垣征四郎などの関東軍幹部の満洲国建国は、彼らの権力欲や日本軍部の帝国主義的な侵略の欲望の現われにほかならなかったが、新国家建国ということに、夢と理想を求めて満洲へと渡ってきたという人物も少なくなかった。

『満洲評論』の編集人として才筆を振るった橘樸《たちばなしらき》は、満洲事変の勃発によって、それまでの満洲国についての静観的な立場から「方向転換」して、積極的に満洲国の「五族協和」と「農民自治」というスローガンに基づく政策に協賛することになる。農本主義的な思想を持つ彼にとって、後者の農業、農民を中心とした自治的な組織の建設——農民合作社運動につながる——は、理想の実現の第一歩だった。大地主や、糧桟《リャンザン》と呼ばれる種子や農具や肥料などを貸し、生産物の集荷、買い取りを行う業者に搾取され、貧農として生活に喘いでいる満洲の農民たちに、それは生活改善、生活向上のための、いわゆる「王道楽土」の道を歩ませるものと彼の眼には映ったのだ。

この橘樸の農民自治、農民自活の思想は、彼の思想的影響を受けた佐藤大四郎などの相互扶助による農業協同組合的な組織である農村合作社の運動へとつながるが、内地での共産主義者たちの偽装転向の隠れ蓑として疑われ、満洲共産主義者の運動として逮捕、投獄され、首謀者と目された佐藤大四郎らは獄死、合作社運動に共鳴して実践活動を行った詩人の野川隆は、奉天の監獄内で発病し、病死している。

満鉄調査部
後藤新平

石堂清倫
共産主義
マルクス主義
プロレタリア文学運動
山田清三郎
満洲文壇で活躍
牛島春子
横田文子

暗殺
甘粕正彦
大杉栄
妻・伊藤野枝

共産主義者の転向後の行く先として、満洲は一種のアジール（聖域）ともいえる場所だった。後藤新平が満鉄のなかにつくらせた満鉄調査部は、石堂清倫《いしどうきよとも》や伊藤武雄や具島兼三郎《ぐしまかねさぶろう》など、転向共産主義者の学者や研究者、言論人の溜まり場ともいえた。経済統計や社会調査など、社会学的な調査方法や理論を身に付けた日本人の調査員たちは、多かれ少なかれ、共産主義（マルクス主義）の洗礼を受けなかった者はないといわれるほどだった。彼らは、雑誌や新聞などのジャーナリズムの世界で活動するとともに、農民運動や教育機関によって実践活動を行う者も少なくなかった。プロレタリア文学活動で有名だった山田清三郎《せいざぶろう》や、プロレタリア運動に参加していた牛島春子や横田文子などが、満洲文壇で活躍するという現象も見られた。

関東大震災の際にアナーキストの大杉栄などを暗殺した元陸軍軍人だった甘粕正彦《あまかすまさひこ》が理事長となった満洲映画協会（満映）も、元共産主義者の映画人、文学者、文化人を抱えた組織だった。甘粕正彦自身は、右翼的な軍人精神の持ち主だったが、有能であり、優秀と認めた人物については、その過去の思想的来歴を問わなかった。多くの映画人、文学者が満映に勤務して、その不遇の時代を雌伏《しふく》してすごすということもあったのである。

初期の武装移民、さらに分村移民や、満蒙開拓青少年義勇軍などの青少年の農業移民などは、満洲を理想の「王道楽土」と信じて渡ってきた人々だった。彼らは、日本各地の農業指導有情者に率いられる形で渡満し、各入植地へと入っていった。そこには開拓というには名前ばかりの既墾の農地があった。満洲拓殖公社などの現地機関は、満洲人（中国人）農民から農地を強制的に買い上げ、その住宅まで明け渡させ、そこに日本人移民を入植させた。朝鮮における東洋拓殖会社と同様の拓殖思想、拓殖政策によるものだった。

北海道開拓の際の屯田兵を思い起こさせる日本の満洲への武装移民政策は、関東軍の東宮鉄男《とうみやかねお》大尉の発想と計画推進によるところが大きい。ただし、この発想が満洲開拓ということより、もっぱら軍事的発想、国防的観点から見られたものであることは、農業移民でありながら、農耕に適した中満、南満地方ではなく、ソ連との国境線に近い北満地方に移民村が集中していることによっても明らかである。加藤完治を指導者とする、10代の青少年を中心とする満蒙開拓青少年義勇「軍」も、一方では、開拓青少年義勇「隊」という名称を国内外で使い分けるなど、銃と鍬との双方を手にとっての移民だった。

日本の農村を母村として、その半分近くの人口を満洲に分村として移住させるという分村移民は、武装移民や自由移民だけでは移民送出の目標が達成されないという現実から考え出されたものだ。農民作家の代表格である和田傳《つとう》の小説『大日向村』に書かれたように、農村の指導者が率先して、農家の次男、三男を分家させ、狭隘《きょうあい》な日本の農村の、いわば出店としての新しき村を満洲に創設しようとしたのである。つまり、内地の大日向村を母村として、満洲・大日向村が開村されたのである。また、たとえば、プロレタリア文学者として著名な葉山嘉樹《よしき》がリーダーとなって、農民といっしょに渡満したというのも、そうしたケースの一つである（満洲国末期に行われた葉山の移民計画は、定住する間もなく満洲国の崩壊を迎え、彼は引き揚げの途中で死亡した）。さらに、都会の商店主やら工場労働者らがまとまって渡満して〝帰農〟する集団移民などもあった。

こうした日本からの移民政策は、「20年間に100万戸、500万人」という膨大な人数の日本人の移住を計画目標に、「王道楽土」としての満洲国を建設すると大いに鼓吹《こすい》され、喧伝されたが、実際には満洲人農民から既墾地を取り上げ、日本人の農業移民に払い下げるといった略奪的なものであり、日本人農民は、そうした土地を取り上げた満洲人農民を小作人として使用し、地主となって彼らを搾取するという階層になることもあった。

それには、満洲においては、従来の満洲的農耕法が適しており、日本から持ち込んだ北海道農法などの近代化された農具や機械による農法が必ずしも成功しなかったということも要因の一つとしてあげられる。機械化され、近代化された大規模農業という「王道楽土」の思想は、所詮は現実の満洲の気候・風土、自然環境、社会的・歴史的な諸条件を無視した〝絵に描いた餅〟にしかすぎなかったのである。

新しき農村を夢見て
渡満しましたが
定住前に終戦。
引き揚げ時に死亡…
…無念

プロレタリア文学者
葉山嘉樹

4

満洲国の精神的、宗教的施設の中心的な場所として建国神廟が建設されたことからも分かるように、「建国」、すなわち新国家、新世界の樹立ということは、満洲国建設の見果てぬ夢の一つとしてあった。武力による覇道ではなく、「王道楽土」を目指すという建国の理念は、軍閥や軍事的侵略による権力の掌握による建国も、また武力革命による共産主義的な建国なども、ともに否定するものだった（もちろん、現実的には日本軍による軍事的進出以外のものではありえなかったのだが）。

もう一つ、満洲国の「建国」は、建国大学の設立に見られるように、「五族協和」という多民族国家の成立という実験的な意図をも孕んでいた。建国大学には、日本人の学生のほか、満洲人（満洲族、中国人＝漢族）、朝鮮人、モンゴル人などの学生がいて、教授にも、日本人以外に、朝鮮人の崔南善《チェナムソン》、中国人の鮑明珍などがいて、建学当初には、魯迅《ろじん》の弟の周作人《しゅうさくじん》や、中国の近代文学の創始者である胡適《こせき》、レーニンの後継としてスターリンと争って失脚・亡命したトロツキーや、インド独立運動の志士チャンドラ・ボースなどを教授として招聘《しょうへい》しようという計画もあったほどだが、結局は実現しなかった。

これらのエピソードに基づいて描かれたのが、日蒙混血の建国大学

建国大学

生・ウムボルトの活躍する、安彦良和《やすひこよりかず》のマンガ作品『虹色のトロツキー』である。すなわち、日本が主導する形であったが、アジアの多民族、多文化思想の確立と発展、そして実践の場としての「満洲国」という理念が打ち出されていたのである。

石原莞爾や辻政信《つじまさのぶ》などの関東軍の軍人が実質的に建学した建国大学は、全寮制であり、日系、満系、朝鮮系、蒙古系、白露系の学生が共同生活を営み、そこで質実剛健の精神と身体を養うことによって、それぞれの民族の範囲を超えた、汎アジア的な友情関係、協力関係を結び、それを「五族協和」をスローガンとする満洲国の国家建設に役立てるはずであった。しかし、現実的には、日系と満系やその他の民族の学生の間には、超えられない微妙な精神的な溝があり、また、日本民族が、そうした大東亜の多くの民族を領導するという日本人学生、教授たち（中山優、登《と》張竹風《ばりちくふう》のような日本主義者と思われる教授たちがいた）の優位主義は、ともすれば「大和魂」といった精神主義の押しつけになった。夢を抱いて、日本から満洲へとやってきた日本人青年のうちの森崎湊《みなと》（映画監督・森崎東の実兄）は、夢破れて故郷へ帰り、そこで21歳で自殺している。純粋に「五族協和」の新国家建設、新しいアジアの若い世代を信じようとすればするほど、満洲国や建国大学の現実に突き当たり、そこで精神的な挫折を感じざるをえなかったのである。

また、満洲国の高等教育機関としては、大同学院が設立された。これは主に満洲国の官吏養成のための学校として開校され、中国語、ロシア語の教育が充実しており、対中国、対ソ連（ロシア）の外交面を担う人材を育成した。満洲医科大学は、後藤満鉄総裁の時代に、満洲医学堂として設置され、医者の養成、研究者の育成のほか、当時、遅れていた満洲の保健・衛生の業務を担当する実務者の養成も行った。

高等教育以外にも、各民族の子弟に対する中等教育、初等教育も整備され、小学校、中学校、高等学校、女学校、専門学校の充実が図られたが、総じて満洲国の植民地経営に資するものとしての、植民地教育の制度であり、その内容であったことは否定できない。

5

これらの満洲国の「建国」思想は、建国神話や、建国に携わった人々の一種の英雄神話、英雄伝説として、文学の世界で表現されることになった。鑓田《やりた》研一の『奉天城』『王道の門』『新京』の「満洲建国記」の三部作や、山田清三郎の『建国列伝』、林房雄の『青年の国』、鷲尾雨工《わしおうこう》の『満洲建国の人々』など、〝大作〟が陸続として書かれることになったのである。

これ以外にも、自然環境の厳しい北満地域で防衛活動や偵察活動に当たる軍人の苦難と苦痛を描いて、建国の底支えとなった無名の人々を顕彰する北村謙二郎や長谷川濬《しゅん》などの『満洲浪曼』の執筆者たちなど、建国神話、伝説を文学作品として表象しようとした文学者たちは少なくなかった。また、主に満鉄系の文学者のなかには、鉄路建設の苦労や、ゲリラの襲撃・破壊工作からの鉄路の守備や防備、まさに植民地支配の中枢である鉄道守備隊の活動を英雄的に描く者もあった。

彼らのなかには、こうした建国の神話を文字どおり、「五族協和」

や「王道楽土」の建設として疑わなかった人々もいて、日本という枠組みを超えた新国家、新世界の夢を語った者も少なくなかったのである。石原莞爾の東亜連盟、満鉄社員の山口重次《じゅうじ》や歯科医の小澤開作《かいさく》（指揮者・小澤征爾の父）などを中心とした満洲青年連盟、満鉄出身で満洲国の資政局長となった笠木良明の指導した大雄峯会、大本教の出口王仁三郎《でぐちおにさぶろう》が中国の秘密結社・世界紅卍会《こうまんじかい》と手を組んで行おうとした満蒙、蒙疆の独立、合併運動など、時には千年王国運動のようなユートピア思想を彷彿とさせるような、大アジア主義的な新国家、新世界建設の思想、実践の活動が百花繚乱として繰り広げられたのである。

これに、満洲国が一種のキリスト教主義によっても指導されていた面を付け加えることができるかもしれない。大蔵省から派遣され、満洲国の総務長官となった星野直樹は当時、日本人官僚としては珍しいクリスチャンであり（彼は牧師の息子だった）、その部下で弘報処を牛耳っていた武藤富男も、クリスチャンだった（戦後は、ミッション系の学校、明治学院大学や清泉女学園、また東京神学大学の理事長を務めた）。建国神廟の建設や、その祭神として日本の神道の神（天照大神）を祀ることに反対したのは（結果的には、皇帝溥儀の意向によって、建国神廟には天照大神と三種の神器が祀られたが）、こうした満洲国のキリスト教の高級日本人官僚であって、満洲国がバチカン市国（法王庁）やサン・サルバドルのような国から国家承認を受けたのも、こうしたクリスチャン官僚の存在によるものと思われる。

また、日本のキリスト教連盟の主導で満洲キリスト教開拓団が組織され、「キリスト者の理想郷」を建設しようとハルビンに近い長嶺子《ちょうれいし》に入植したという実例もあった。もっとも、宗教団体を基盤とする開拓団は、浄土真宗系や日蓮宗系の仏教系や、天理教の天理開拓団など新興宗教系のものも少なくなかった。

満洲国建国の思想的な背景としては、仏教、とりわけ日蓮宗との関わりが深かった。寺内大吉の『化城の昭和史』には、満洲国の独立宣言を行った中国人の四巨頭（張景恵《ちょうけいけい》、馬占山《ばせんざん》、蔵式毅《ぞうしきき》、煕洽《きこう》）が、関東軍司令部を表敬訪問し、会議場で撮った記念写真に、「南無妙法蓮華経」と書かれた垂れ幕が掲げられていたという。田中智学《ちがく》の国《こく》柱会《ちゅうかい》という日蓮宗の団体に入会していた、熱烈な法華信者であった石原莞爾の用意した垂れ幕であったといわれる。

こうしたエピソードからも知られるように、北一輝《きたいっき》や井上日召《にっしょう》らの行動的な日蓮宗系のファシズム思想が、大アジア主義として満洲国に多く流れ込んできていたことは否定できない（岸信介《きしのぶすけ》は、青年時代に北一輝の国家社会主義思想に共鳴していたといわれる）。

また、大雄峯会の笠木良明も独自の仏教信仰に基づく国家主義的思想を抱いていた。浄土真宗本願寺派は、満洲など日本の植民地進出には、元来積極的であり、満洲の各都市に本願寺の末寺、分院を建て、その布教や檀家獲得に熱心だった。こうした興亜思想、大東亜の団結と独立、欧米植民地主義への抵抗と反撥とが、宗教的な熱狂と相俟って満洲国には渦巻いていたのである。

王道楽土・五族協和

「王道楽土」「五族協和」とも、満洲国の建国理念のスローガンである。「王道」は、「覇道」に対するコトバで、「覇道」が武力による制圧、支配であるのに対して、「王道」は、支配者としての道徳性、倫理、文化水準の高さによって、国民を感化し、恭順・敬愛の精神を持たせることを政治の理念とするものといえよう。軍閥や匪賊などの武力、暴力によって無理矢理に支配、服従させられてきた満洲地域の人々にとって、軍閥支配とは逆の「王道」による「楽土」の建設というスローガンは、耳ざわりのよいコトバだったが、実際には関東軍が武力と暴力で軍閥を抑え、駆逐したものであって、「満洲国」の建国自体が、この「王道」というコトバを裏切るものだった。

「五族協和」は、もともと中華民国を建国した孫文《そんぶん》のスローガンだった「五族共和」を換骨奪胎したもの。この場合の「五族」は、中国大陸に住む漢民族、満洲民族、蒙古民族、チベット民族、回民族（イスラム教徒）を意味しており、多民族・多宗教国家としての中国の共和制による政治体制を表現したものだった。それを日本が、日本民族を中心とした、漢民族、満洲民族、朝鮮民族、蒙古民族の五つの民族が、互いに協力し、協調する国家理念としてスローガンとしたのである。日本による台湾、朝鮮の植民地支配が、いわゆる「同化政策」を取り、多民族、多文化、多宗教を許容しない偏狭な政策であったことに対しての反省がこのスローガンには含まれているかもしれないが、実際的には日本民族の優位性を露骨に打ち出し、「五族協和」という理念は画餅にすぎなかったことは、満洲国の実態を見れば明らかである。

ただし、それまで単一民族国家としてのみ存続してきたと考えていた日本人が、本格的な「多民族国家」建設を目指した実験として評価する考えもある。むろん、無謀な失敗例としてではあるが。

満洲国
建国理念スローガン
王道楽士
五族協和
ホントーは
日本民族中心
漢民族
満洲民族
朝鮮民族
モンゴル民族

愛新覚羅溥儀（あいしんかくら・ふぎ）

愛新覚羅溥儀、中国語ではアイシンギョロ・プーイーと発音する満洲国皇帝は、1906年２月に生まれた。清王朝の創始者である満洲族の指導者ヌルハチの血統を受け、２歳のときに大清帝国の第12代皇帝・宣統帝《せんとうてい》として即位し、４年間、1912年に辛亥革命によって帝位から追われるまで、末代皇帝（ラスト・エンペラー）としてその地位にあった。

1932年に満洲国が樹立されると、天津から満洲へと渡り、最初は執政であったが、後に正式に皇帝となり、康徳帝《こうとくてい》となった。しかし、この帝位も、宣統帝のときと同じように名目のみの皇帝であって、政治的実権は、彼の手にはなかった。

満洲国の崩壊後に退位し、日本へ亡命を図ったが、途中の奉天飛行場でソ連軍に身柄を拘束され、思想収容所に収容され、再教育を受け、のちに北京文史資料研究委員となり、もっぱら植物園で植物の世話をするという仕事に従事したという。1967年10月死去。伊・中・英の合作映画『ラストエンペラー』（ベルナルド・ベルトリッチ監督）は、溥儀のこうした数奇な生涯を描いた作品であり、中国では『末代皇帝』という題名で、やはり彼の生涯がドラマ化された。著書に『わが半生』などの自伝がある。実弟の溥傑《ふけつ》やその妻の浩《ひろ》、その娘の慧生《えいせい》などこの皇帝ファミリーは、波乱万丈の物語的世界に生きた。

皇帝夫人の鴻秋《こうしゅう》（婉容《えんよう》）

重度のアヘン中毒。
敗戦で溥儀亡命の際
取り残され、共軍に逮捕。
最期は監獄内でアヘンの
禁断症状と栄養失調
により死亡。

皇帝であったのは
僅か6歳まで。
晩年は庭師として
働きました。
愛新覚羅《あいしんかくら》 溥儀《ふぎ》

石原莞爾（いしわら・かんじ）

1889年１月18日、山形県鶴岡生まれ、1949年８月15日に死去した。満洲事変の立て役者であり、満洲国樹立の工作に関わった石原莞爾は、日本陸軍の軍人として、異色の存在だった。軍学校時代から秀才と目されていた彼は、ドイツ留学、駐在武官などの経験を経て、独自の戦争史観、軍事学を構想し、その「世界最終戦争論」に基づく軍事政策を実現しようとした。

彼によれば、世界の戦争の歴史は、自由主義経済を代表するアメリカと、統制経済を代表する日本とが、「世界最終戦争」を行い、その勝者が世界を制覇するというもの。このため日本は、天然資源や人的資源の豊富な満洲を支配下に置き、対立する強大国との戦争に備えなければならないと主張した。こうした戦争史観には、彼が信奉した田中智学の国柱会の日蓮主義（法華信仰）が影響していると指摘されている。

関東軍作戦主任参謀としての彼は、司令部の高級参謀の板垣征四郎らと組んで、1931年に、柳条湖付近での日中軍の武力衝突という満洲事変を引き起こし、それを引き金に満洲一帯を武力制圧し、傀儡国家としての満洲国をつくり上げた。

しかし、関東軍の満洲国に対する「内面指導権」を否定したり、満鉄などの満洲国への譲渡などを主張する彼は、関東軍参謀長の東《とう》條《じょう》英機《ひでき》や、関東軍第四課長の片倉衷《ただし》との軋轢、葛藤を起こし、関東軍のなかで孤立した彼は参謀副長の役職を罷免され、鶴岡要塞司令へと左遷された。日本に帰国し、予備役として軍からも退き、立命館大学の講師として軍事学を講じた。

その特異な軍事思想、ファナチックな性格は、信奉者と同時に敵対者も多く生み出さずにはおかなかったのである。晩年は、故郷の山形へ帰り、法華経信仰に基づく教化活動に従事した。著書に『世界最終戦争』『世界戦争史観』などがある。

統制経済
VS
自由主義経済
「世界最終戦争」
石原莞爾
石原莞爾
と
小澤開作
民族協和を求めて
石原莞爾の信奉者の1人だった
満洲青年連盟の小澤開作は
その息子に、板垣征四郎と
石原莞爾のそれぞれの名前の
1字を貰い、征爾(世界的な指揮者
と名付けたことは、よく知られている。
小澤征爾
板垣㊣四郎＋石原莞爾
征＋爾＝征爾

甘粕正彦（あまかす・まさひこ）

1891年1月、三重県生まれ、1945年8月、日本の敗戦、満洲国崩壊のときに、理事長を勤めていた満映（満洲映画協会）の理事長室で服毒自殺した。

陸軍幼年学校、士官学校を卒業後、憲兵となり、この時代に東条英機などとの交友があったと伝えられている。陸軍麴町分隊長の時代の1923年の関東大震災の際に、アナーキストとして知られた大杉栄とその妻・伊藤野枝、野枝の親戚の子どもの3人を殺害したという甘粕事件を起こす。ただし、これは甘粕が責任を取ったが、彼が手を下したものではないという説も流布している。

この事件で下獄したが、ほどなく釈放され、満洲国に渡り、満洲国協和会中央本部総務部長を務めるなど、満洲国の裏の実力者として君臨した。その勢力の背後には、甘粕機関と呼ばれたアヘンの密売の資金があり、それをさまざまな政治工作の資金としたといわれている。

1939年に、満映の理事長に就任し、満洲国、関東軍を裏で操る人物として、政府、軍にものを言える「民間人」の立場を取っていた。

満洲国が崩壊したときには、残っていた現金を職員に分配し、自分は満映の部屋で毒を呷《あお》って自決した。臨終の場には、小説家・赤川次郎の父親の赤川孝一、小説家でロシア文学の翻訳家・長谷川濬、元プロレタリア文学の作家・和田日出吉、その妻で女優の木暮美千代などがいたという。「大バクチ、元子もなくし、スッテンテン」とは、そのときの辞世の戯句といわれる。

憲兵時代
東条英機
甘粕事件
大杉栄
妻・伊藤野枝
暗殺
裏の実力者
満洲国協和会
中央本部総務部長
協和
國聯合協議會
満映
李香蘭
大バクチ、
元子もなくし、
スッテンテン

III
満洲国の政治と経済

1

愛新覚羅溥儀(アイシンギョロプーイー)

「満洲国」は、1932年３月１日に建国された。清朝の最後の皇帝・愛新覚羅《アイシンギョロ》溥儀《プーイー》を国家元首の執政（３年後に、皇帝）として建国を宣言し、中華民国（中国）からの分離・独立を図ったのである。国旗は五色旗、国歌は初代国務総理となった鄭孝胥《ていこうしょ》の作詞した「天地内、有満洲国……」というものだった。元号は、1932年を大同《だいどう》元年とし、のちに建国10周年を記念して、1942年には、康徳《こうとく》元年と替えられた。

「満洲国」は、国家元首に清のラスト・エンペラーである溥儀を据えたように、形式的には満洲人（中国人＝漢族が多かった）を要職に就けたものとなっていたが、実質的には、次官や次長に当たる日本人官僚が、実権を掌握していた。行政府でもっとも重要な国務院総務長官は、初代駒《こま》井《い》徳三《とくぞう》から始まって、すべて日本人が任官し、執政、のちに皇帝の溥儀も、満洲人の国務総理（初代・鄭孝胥、２代・張景恵）も、名目的な元首、行政府の長にしかすぎず、日本人官吏が国政を牛耳っており、またそれは関東軍の「内面指導」を受け、満鉄は、満洲国の国家的な運営のかなりの部分を独立的に行っていたのである。

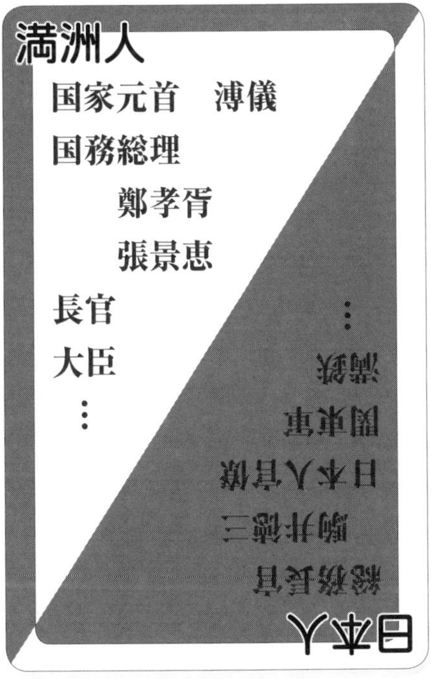

行政は国務院、立法は立法院、司法は法院（と検察庁）と建て前上は三権分立がなされていたが、立法院には立法院長ひとりがいただけで、実体がなかった。国務院の下に、日本では省に当たる民政部、外交部、財政部、産業部、交通部、司法部があったが、この長官（大臣）も、形式的には満洲人が就任していることが多かった。満洲国の政治は実質的には次官、局長、処長といった日本人が実権を握っていたのである。

満洲の政治・軍事・産業の世

界の実力者として「２キ３スケ」の名前が有名である。「２キ」とは、東條英機と星野直樹、名前の末尾に「機」と「樹」があるのでこう呼ぶ。「３スケ」は、岸信介、鮎川義介《あいかわよしすけ》、松岡洋右の３人で、やはり名前の末尾が「スケ」である。東條英機は、関東軍の憲兵司令官や関東軍参謀長を歴任して、のちに陸軍大臣、そして総理大臣にまで上り詰めた軍人であり、戦後は、侵略戦争の最高の責任者として絞首刑に処せられたことはよく知られたことである。

星野直樹は、満洲国国務院総務長官、岸信介は産業部次長、および総務庁次長として事実上の産業政策の担当者であり、鮎川義介は、事実上、満鉄からその重工業部門を独立させた満洲重工業開発会社の総裁、松岡洋右は満鉄総裁である。この５人が、それぞれ軍事、行政、産業の部門において指導的役割を果たし、「満洲国」のグランド・デザインを仕上げると同時に、敗戦後の日本の高度成長社会の未来図を先取りしていたといっても過言ではないのである。

とりわけ、満洲国の経済官僚として辣腕を振るった岸信介は、その腹心の部下といえる椎名悦三郎《しいなえつさぶろう》などとともに、満洲経済、産業の計画経済と振興に大きな役割を果たしたのだが、その後日本に帰って東條

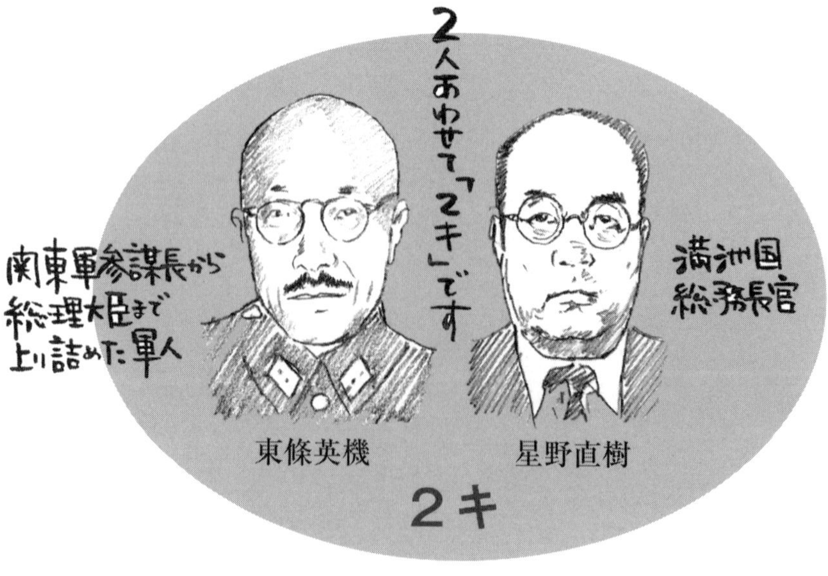

英機内閣の商工大臣までを務めた岸は、戦後は戦犯として逮捕され、巣鴨の戦犯収容所に収容されたものの、政治的に復権した後は、病気となった石橋湛山に代わって自由民主党の総裁として総理大臣にまでなり、戦後の日本の経済復興の礎を築いたといわれている。それには満洲国での計画経済の実験の経験や、その人脈などが、大きく寄与したといわれているのである。

満洲の鉱工業を中心とした経済５カ年計画は、ソ連型の計画経済を導入したものだが、エネルギー資源としての石炭産業にまず物資や労働力を集中し、その石炭を基にして製鉄業を振興させ、それをさらに炭鉱業の生産力の増強へと結びつけるという傾斜生産のアイデアは、戦後の日本ではなく、まず満洲国の経済政策によって実現されていたのである。日産コンツェルンの総裁だった鮎川義介が、「３スケ」のなかに入っているのは、そうした政治・経済のシステムが、彼らによって整えられていたことを示しているのである。

満洲重工業開発会社の設立は、満鉄の産業集中の力を削《そ》ぐためという目的もあった。

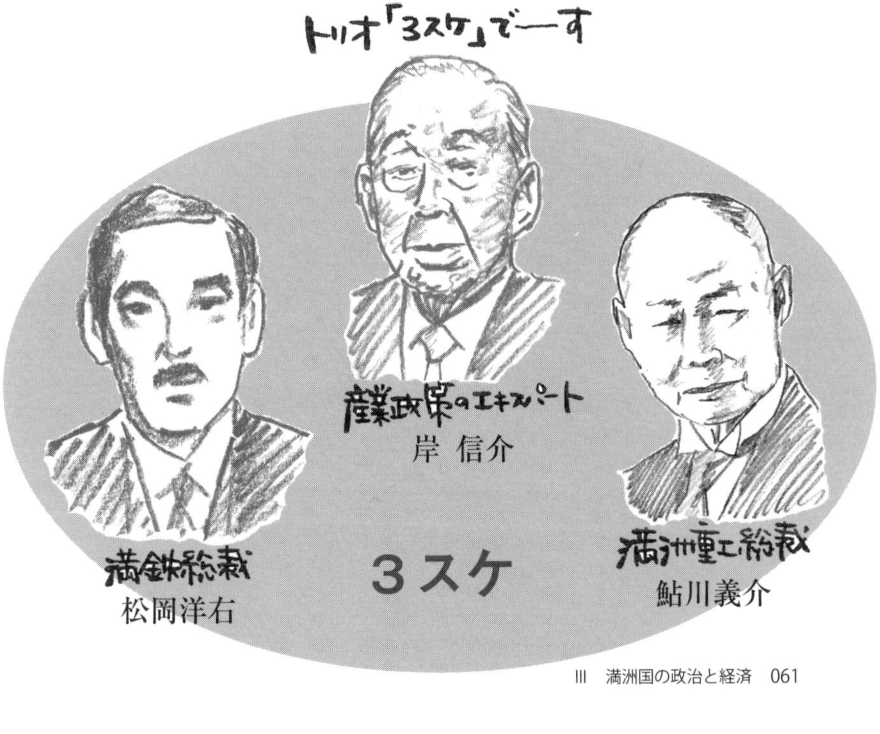

2

満洲国の政策決定は、もちろん建て前としては満州国政府によって行われることになっていたが、実質的には関東軍がすべての立法や行政の企画や立案や指導、実行を行う「内面指導」によって牛耳られていた。関東軍は関東軍司令官を頂点とする軍隊組織だが、関東軍参謀長は日本の陸軍省と参謀本部とつながっていた。関東軍司令官は満洲国国務院総務長官と、参謀長は国務院総務庁次長と密接なつながりを持ち、国務院総務長官は国務院会議を経て、皇帝に諮詢《しじゅん》することになっていたが、皇帝の溥儀は、自分の実権はほとんどなく、まさに傀儡にすぎなかったことを告白している（『わが半生』）。関東軍司令官、参謀長、国務院総務長官、国務院総務庁次長などの「２キ３スケ」が実質的な実力者であったということは、こうした政治、行政、軍政の実態を現しているのである。

日本の陸軍士官学校出
満洲国軍中佐
朴正熙《パク・チョン ヒ》

満洲国政府では、日本の省に当たる各「部」が、「日系官吏会議」を開いて、行政の実務を進行させていた。満洲人の「長官」などは飾り物にほかならなかったのである。地方行政においても同様であり、日本の大蔵省などの各省庁や、満洲中央政府から派遣された日本人官吏が、実質的な業務を担っていたのである。これは満洲国軍においても、同じように日本人に指導され、指揮されるものであった。

のちに、日本の植民地支配から解放された韓国（大韓民国）で第３代の大統領となる朴正《パクチョン》熙《ヒ》は、日本の陸軍士官学校出の満洲国軍の軍人だった。士官学校を優秀な成績で出た彼は、創設された満洲国軍に入隊し、中佐まで昇進して、祖国の解放の日を満洲国で迎えたのである。

ちょうどその頃、満洲国軍や朝鮮軍、朝鮮国境警備隊と敵対していた抗日の朝鮮人パルチザン軍の指導者・金日成《キムイルソン》は、満洲・朝鮮の国境の山岳地帯からソ連領内へと活動の拠点を移していた。朴正熙と金日成という宿縁のライバル関係は、満洲国においてすでに始まっていたといえる。

抗日の
朝鮮人パルチザン軍
指導者
金日成《キム・イルソン》

満洲国の財政は、当初において関税と塩税を主な財源として、その不足分を国債で補うという方針を取っていた。満洲国以前の軍閥時代に重税に悩まされてきた人々に税負担を強いるのは、新国家としての満洲国の支持を得るためには得策ではなかった。満洲国中央政府は、これまで地方の省に納めていた税目をすべて国税とし、省の財政は中央政府の負担として、地方税は省以下の県、旗《き》（モンゴル人の居住単位）の税とした。軍閥割拠による、それまでの省の財政の独立性を剝奪したのである。

しかし、満洲国は、あるいはその政府高官たちは、国家予算の裏側で、アヘンの栽培、管理、専売、密売ということを行い、そこから莫大な利益を上げていた。アヘン専売事業は、表面的な国家予算にはたかだか十数パーセントの金額としてしか浮かび上がってこないものの、それ以外の裏社会に流れる裏金は関東軍が握り、対ソ連や対中国、そして時には対日本社会のさまざまな政治工作の資金や陰謀、画策のために使われるブラック・マネーだったのである。

アヘン中毒患者のためと称して、満洲国はアヘンの生産、流通を管理し、それを横流ししたり、密輸出することによって、巨大な資金を調達したのである。これは里見甫《さとみはじめ》（アヘン密売の里見機関を設立した）や甘粕正彦など、いわゆる満洲浪人的な民間人（もちろん、関東軍、満洲国政府高官などと結託していた）が中心となり、そのシンジケートを作っていたものである。蒙疆政権の顧問の金井章次《しょうじ》など、衛生政策に携わる人物たちの関与もあった。大平正芳など、蒙疆政権にいた日本人官僚も、こうした裏面の「アヘン政策」に関与していたものと思われる。

「日中アヘン戦争」ともいわれる、こうしたアヘンをめぐる闇社会、闇経済の存在は、満洲国のもっとも暗黒的な面を象徴するものであり、ハルビンにあった魔窟といわれたアヘン吸飲所として有名な大観園の存在など、「王道楽土」の掛け声とはまったく裏腹な、剥き出しの欲望と頽廃の闇の世界の存在も、また満洲国のリアルな一面だったのである。

貨幣制度も、それまでの、やはり

軍閥割拠支配の土台となっていたそれぞれの地域、省での別々の銀行券の発行や、さまざまな軍閥の軍票などの擬似的（臨時的）な貨幣の流通を廃止し、満洲中央銀行を設立し、銀為替本位制の不換銀行券による貨幣の統一を実行した。ただし、関東州や満鉄付属地では、これまでの朝鮮銀行券や、日本の貨幣が流通していたということもあり、完全な満洲中央銀行による貨幣統一は完璧には行われなかった。

満洲国の交通網の管理・運営については、満鉄が一手に握り、鉄道網の整備、充実、拡張を行い、膨大な収入をあげていた。従来の南満洲鉄道だけではなく、中国の建設した満洲国の版図内の鉄道を接収し、その路線は当初の４倍を超える2969キロメートルにも及んだ。1937年にはソ連が所有していた北鉄を買収し、新京（長春）からハルビン、さらにチチハル、マンチューリ（満洲里）にまでつながる鉄道網を持つことになった。こうした満鉄を支配下に置きたい関東軍は、陸軍省とともに満鉄の改組、解散を画策した。その目論見は満鉄側や満鉄社員会からの抵抗を受け、外務省や拓務省などの反対もあっていったんは頓挫したが、関東軍司令官が満洲国駐箚《ちゅうさつ》特命全権大使を兼務することによって、満鉄の業務を監督する権限を得るようになり、間接的に満鉄を関東軍の支配下に置くことに成功したのである。

広大な満洲の各都市を結びつけるために、あるいは日本との緊急の交通手段として、飛行航路の展開も、満洲の交通網の一端を担っていた。大日本航空、満洲航空、中華航空が就航し、いざというときの日本人高官の翼となっていた。海運には、大阪商船や三井商船など、日本の大手の船舶運航会社が、定期便、臨時便、チャーター便などの船舶を就航させていた。

電信網、電話網、そして放送網は、電力会社でもある満洲電電株式会社が、一手に統括していた。広い満洲国の全土をカバーするために、大連、奉天、新京、ハルビンなどの各都市に放送局が設置され、満語（中国語）、日本語によるラジオ放送が発信されていたのである。満洲電電の放送局には、アナウンサーとして森繁久彌《もりしげひさや》が、関連の新京放送劇団には芦田伸介がいた。

満洲中央銀行

国幣

満鉄本社

空港

港

満洲電電株式会社

3

満洲国が一応は独立国という建て前であった以上、外交関係、国際関係も、政府の管轄しなければならない業務だった。外交部という役所はあったが、実質的に機能することはなかった。大日本帝国が、満洲国をもっともはやく承認した国であるのは当然だが、日本は「日満議定書」を満洲国との間に締結し、鉄道、港湾、水路、交通路の管理を関東軍に委託することや、日満合弁の航空会社の設立、鉱業権を日本ないし日満合弁会社に許可することなどの協定を、満洲国の国務総理と次々と結んだ。

もっとも、これらは租借地としての関東州や満鉄、満鉄の付属地としてすでに認められていたものも多く、そうした日本の特権的な立場の追確認にすぎないともいえた。日本人の居留民に対する治外法権もその一つで、日本がかつて西洋列強に強いられた治外法権の特権を日本は満洲国に強いていたのである。のちに、これがかえって満洲国における日本の権益の邪魔になると考えた日本側は、治外法権を撤廃することになるが、それが日本人居留民の裁判を「満洲国」に委ねることになるのを恐れた日本は、日本人法官を大量に満洲国へと送り込むことになる。日本人が「満人」による法廷で裁かれることを忌避しようとしたからである。

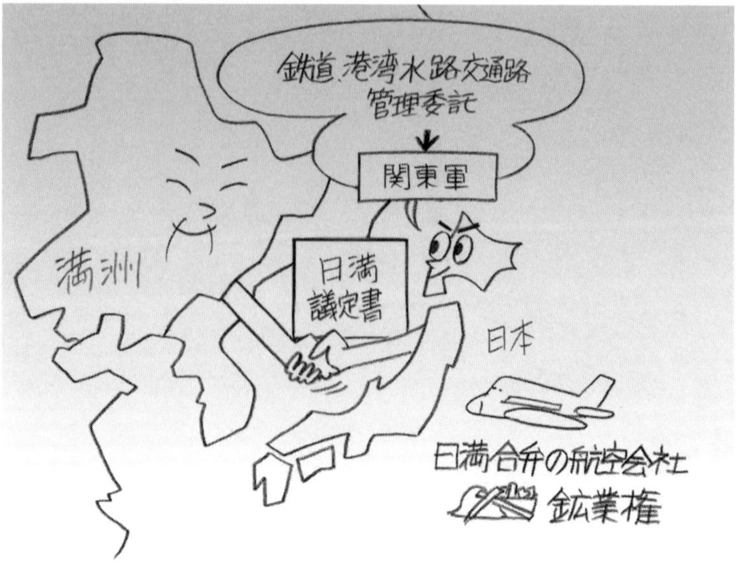

満洲国に「国民」が不在だったということの深層の意味は、ここにある。つまり、多くの満洲国の日本人官吏（とりわけ、高官は）は、あくまでも日本の官吏という〝本籍〟を日本に置いたまま、満洲国に派遣、あるいは出向しているのであって、一国（満洲国）の国家的意思が、本来は外国人である日本人によって決定されているという、まさに傀儡国家、植民地にほかならない実態を持っていた。

こうした「治外法権」や、外国人による権力支配を解消し、満洲国を本当の国家たらしめるためには、日本人官吏はもとより、在満日本人はすべて帰化し、「満洲国人」とならなければならないのだ。満洲国の「国籍法」が成立、施行されなかったのは、この在満日本人の帰化というネックによるものだった。もとより、大日本帝国の憲法は二重国籍を認めていない。すなわち、満洲国に留まることを選択する日本人は、日本人であることをやめて（日本国籍を棄て）、本当の「満洲国」の国民とならなければならなかったのだ。

宗主国から植民地に派遣され、出向してきたつもりの官吏たちや、

出稼ぎ気分の民間人の商売人たち、また故郷に錦を飾るとか、日本の母村の繁栄のために、満洲での分村が頑張るといったメンタリティーを持つ開拓農民にとっても、日本国籍を棄て、満洲国籍を取れということは、日本という故国、故郷を棄てろということと等しいのであり、もともと無理難題であったといわざるをえないのである。

このため、満洲国では、その瓦解に至る1945年８月まで、ついに国籍法を成立させることができず（立法の検討はなされ、施行直前までに至っていたといわれるが)、一人の「国民」をも生み出さなかった（生み出せなかった）のである。当時は日本人であった朝鮮人も同様であり、功利的な意味からも「日本国籍」のほうが、満洲国籍よりも、十分に有利であったことは間違いなかったのである。

口では新国家建設、楽土満洲の実現と唱えながら、実質的には宗主国として、植民地・満洲を支配し続けようという日本側の思惑は明々白々であり、満州国政府に入った日本人要人たちの一人として「満洲国」や満洲開発に殉じようともしなかった。開拓移民も含めて、満洲に移住した日本人全員が、敗戦とともに元の国に引き揚げるという、世界史的に見ても例のない現象がその後展開されるのは、こうした本音と建て前との、著しい乖離があったからである（ただし、いわゆる中国残留婦人、孤児、シベリア抑留民などは、その例外である。また、日本人の技術者などのなかには引き揚げを遅らせ、新中国の建設のために留民となった人たちもいた)。

4

関東軍主導による満洲国建国の策動に対し、1932年３月には中国共産党満洲省委員会が満洲国を否認する声明を発表し、蔣介石の率いる国民政府（首都を南京としたため南京政府ともいわれる）も、否認を声明し、なおかつ「満洲国」に参加する中国人を売国行為として処断することを明らかにした。

国際連盟が、「満洲国不承認決議案」を、賛成42票、反対１票、棄権１票で採択したことはすでに述べたが、国際関係の中で孤立無援のまま、日本は中国国民党政府、中国共産党、中国人・朝鮮人による抗日連軍などとの戦闘を、満洲国のみならず、北支（華北）、中支（華中）、南支（華南）の中国大陸の各地において行わなければならなくなったのである。

満洲国の建国が、地下資源や農業資源、豊富な労働力を搾取しようとする日本の侵略的な意図によるものであることは明らかだったが、もう一つ、北方のソ連（ロシア）に対する日本の過剰な防衛意識（ソ連に対する恐怖心）の表現であったことも確かだろう。関東軍そのものが、租借地としてロシアから奪い取った遼東半島と、満鉄付属地を守護するために組織されたものであり、それは常に北方の警備、防衛のための〝生命線〟だったのである。

こうした状況の下、ソ連（ロシア）と満洲国（朝鮮軍）との間には、張鼓峰《ちょうこほう》事件など、いくつかの武力衝突が見られたが、1939年には、満洲国とモンゴル人民共和国との国境地帯・ノモンハンで本格的な武力衝突が勃発した。関東軍と満洲国軍、モンゴル軍とソ連軍という四つ巴の戦争が始まったのである。これを日本では「ノモンハン事変」と呼んでいるが、明らかに「戦争」そのものだった。「満洲事変」「上海事変」など、日中戦争の勃発を、日本では〝事変〟という言葉でカモフラージュしていたが、これは日本軍の大元帥である天皇の宣戦布告がない「戦争」であったため、戦争と称することができなかったのである。

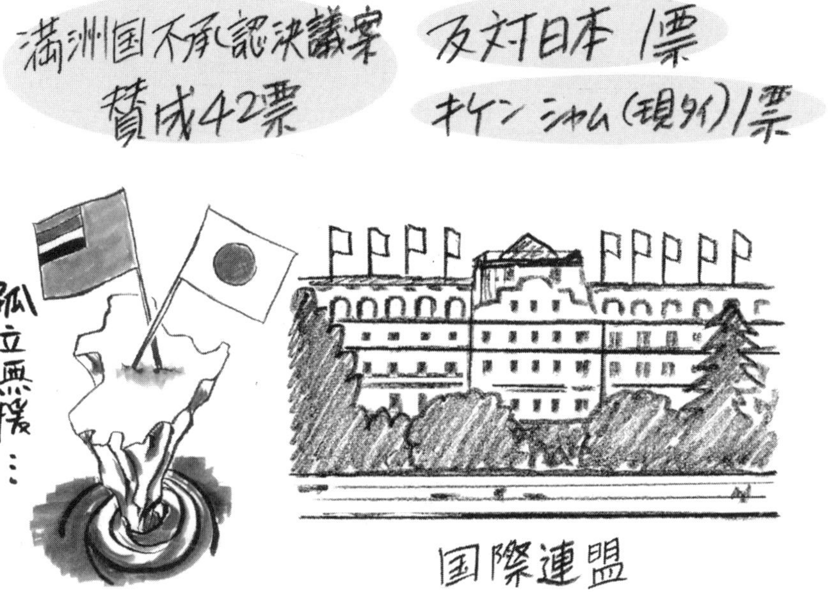
満洲国不承認決議案
賛成42票
反対日本 1票
キケン シャム（現タイ）1票
孤立無援……
国際連盟

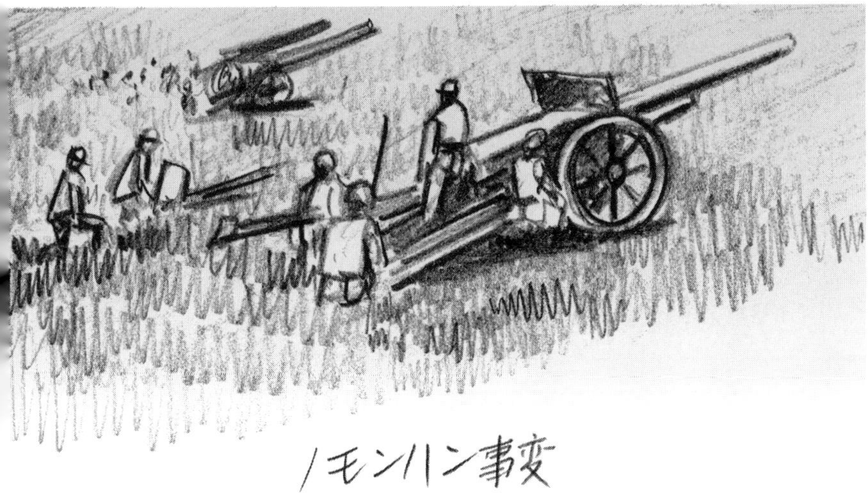

ノモンハン事変

1939年５月、関東軍第23師団は、戦車隊や航空部隊を含めてモンゴル・ソ連軍に攻撃を開始し、モンゴル領内の軍事基地を戦闘機によって爆撃し、空中戦においてはかなりの戦果を上げげたとされているが、地上での攻撃は、モンゴル・ソ連軍の反撃によって失敗に終わった。７月に再び日本軍は、歩兵１個師団に重砲、戦車、戦闘機を動員して大規模な攻撃を行ったが、ソ連軍は３個師団の機械化部隊で大反撃に出て、日本軍を火砲と戦車とで包囲し、９月の停戦までに日本軍の第23師団の１万5140人の兵力のうち、80パーセントに近い１万1958人を損耗させるという壊滅的な大打撃を日本軍に与えたのである。

日本軍の戦車の砲撃ではソ連軍戦車の厚い鉄板の装甲をうち破れず、逆に、ソ連軍戦車の砲撃によって日本軍の戦車はほとんど破壊されるという有り様で、戦場を縦横無尽に蹂躙するソ連の戦車に立ち向かうすべなく、ただ一つ、戦車の下に潜って火炎瓶を炎上させるという肉弾による自爆攻撃しか日本兵には残されていなかったという悲惨な戦闘ぶりが、伊藤桂一の小説『静かなノモンハン』などの作品には描かれている。一説に、日本軍の戦車が「ブリキのオモチャ」のようでしかなかったのは、二・二六事件でクーデター軍に加担したなかに、戦車設計の士官がいたため、戦車の機能を増強させることを陸軍中枢部がためらったということがあり、ソ連軍の戦車に技術的に後《おく》れを取ったといわれている。

しかし、日本側が大敗を喫したこの戦争を、関東軍や日本の参謀本部は情報封鎖し、生き残った部隊を他の戦場に再投入して口封じをさせると同時に、失敗の責任者である参謀の辻政信を譴責《けんせき》や降格させるどころか、逆に、参謀本部で重用することによって、そうした自分たちの失敗を日本国民の目からくらませようとした。こうした日本軍の参謀本部の体質は、戦果を誇大に、被害を過小に偽って戦況を報道した〝大本営発表〟へとつながってゆくことになったのである。

伊藤桂一
辻 政信

岸信介（きし・のぶすけ）

1898年山口県山口町（現・山口市）生まれ、1987年に死去した。「昭和の妖怪」と呼ばれた岸信介は、東大時代から秀才の誉れ高く、卒業後は官僚の世界に入り、農商務省のエリート官僚として、経済・産業政策、行政の面で頭角を現し、その実力を期待されて、満洲国政府の産業部に総務司長として送り込まれた。

満洲国には1932年に宮崎正義を中心に経済政策の立案機関として経済調査会が設けられており、委員長で満鉄理事だった十河《そごう》信二とともに、満洲国の経済方針として、重要産業を国家統制にして統制経済体制を取ると同時に、間接的な政治コントロールや、自由競争などを組み合わせた政策が立案されていた。これを実際的な行政に生かし、統制経済の実験場として実践してみせたのが、当時39歳で満州国に乗り込んできた岸信介だったといえよう。

彼はその後も、政治行動を共にする椎名悦三郎などとともに、「満洲産業開発五カ年計画」を推進し、のちに「満州国の産業開発は私の作品」と彼に言わしめることとなったのである。彼の在満期間は、1936年10月から39年10月までの３年間であり、その間に彼は、満洲国の産業構造を一新したといえる。

日本に帰国した後は、東條英機内閣の商工大臣、衆議院議員、国務大臣などを歴任し、敗戦後は戦犯として巣鴨プリズンに収監されたが、釈放され、自民党内での政治闘争に打ち克って、総裁となり、1957年に病で倒れた石橋湛山の後を受け、総理大臣として君臨したことはよく知られている。

1960年に日米安保条約を国民の多くの反対の声を抑えて改訂し、国会内外での混乱の責任を取って内閣総辞職をしたが、その後の自民党政治に隠然とした力を発揮し、日韓条約締結などに貢献した。実弟・佐藤栄作は総理大臣、娘婿の安倍晋太郎は外務大臣、その息子で、信介の孫の安倍晋三も短期間ながら総理大臣を務めたという華麗な政治家一族の祖ともいえる。

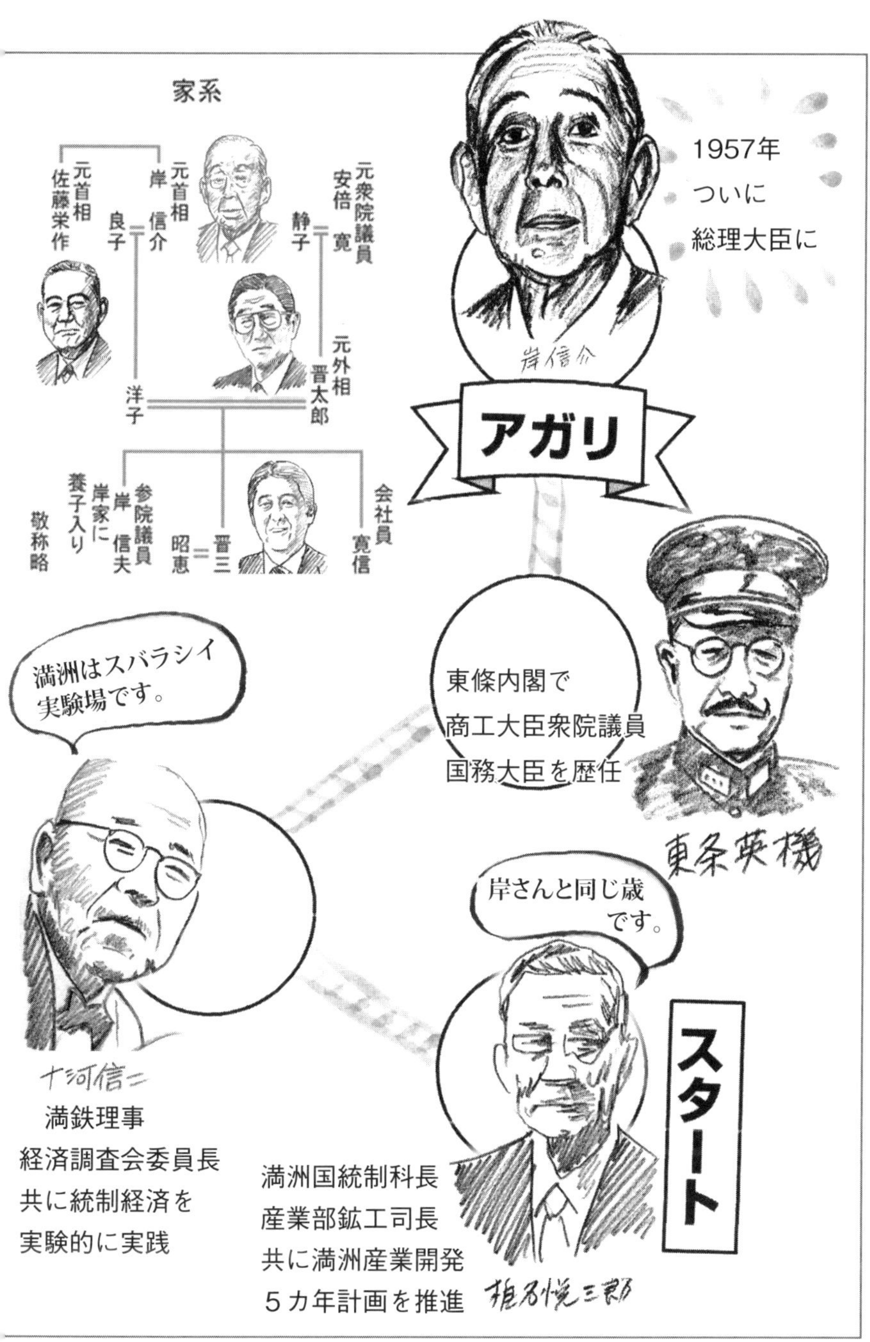
家系
元首相
岸 信介
元首相
佐藤栄作
良子
元衆院議員
安倍 寛
静子
元外相
晋太郎
洋子
参院議員
岸 信夫
岸家に
養子入り
晋三
昭恵
会社員
寛信
敬称略
1957年
ついに
総理大臣に
岸信介
アガリ
東條内閣で
商工大臣衆院議員
国務大臣を歴任
東条英機
満洲はスバラシイ
実験場です。
十河信二
満鉄理事
経済調査会委員長
共に統制経済を
実験的に実践
岸さんと同じ歳
です。
スタート
満洲国統制科長
産業部鉱工司長
共に満洲産業開発
5カ年計画を推進
椎名悦三郎

2キ3スケ

「2キ」のうち東條英機については、伝記、評伝も多くその生涯や人物像はよく知られているのでここでの紹介は割愛して、もう一人の星野直樹について簡単に紹介しよう。1892年、横浜生まれ。東京帝国大学法学部を出て大蔵省に入省、典型的なエリート官僚の道だが、満洲国建国の際に大蔵省からの人材派遣を主張、自ら財政担当官僚として出向することになる。満洲国国務院総務長官となるが、これは実質的に総理大臣と同じく行政のトップだった。しかし、満洲国の実権は関東軍参謀本部にあり、星野長官の権力基盤はそう強固なものではなく、有能なテクノクラートの位置に留まる。帰国後は企画院総裁、貴族院議員などを歴任し、戦後は戦犯に問われ、終身刑となったが、釈放され、ダイヤモンド社社長となり、政治の世界からは離れて、1978年に死去した。

「3スケ」のうち、岸信介については、コラムとして紹介したので、

2キ

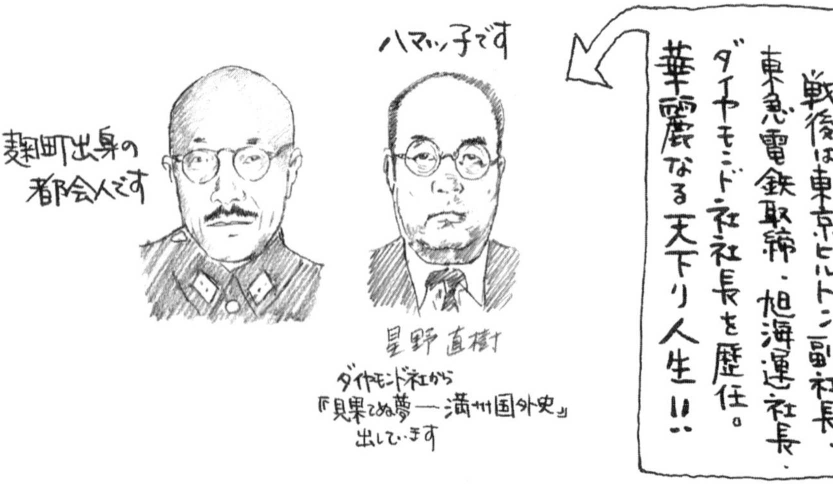
ハマッ子です
麹町出身の都会人です
星野直樹
ダイヤモンド社から『見果てぬ夢―満州国外史』出しています
戦後は東京ヒルトン副社長・東急電鉄取締・旭海運社長・ダイヤモンド社社長を歴任。
華麗なる天下り人生!!

後の２人について、やはり簡単にそのプロフィールを紹介したい。松岡洋右は、1880年生まれ。アメリカに留学し、オレゴン大学で学んだ。帰国後は外交官を目指したが、山本条太郎（第十代満鉄総裁）に請われて満鉄理事に就任した。リットン調査書が採択された国際連盟の総会では日本の首席代表として演説し、国際連盟を脱退して、帰国した。アメリカの本場仕込みの英語力と、その演説のうまさが評価され、首席代表となったのだが、それは日本政府によるパフォーマンスでしかなかったのである。外務大臣、満鉄総裁を歴任した彼は、外務大臣時代にはドイツ、イタリアとのいわゆる三国同盟を締結し、日ソ不可侵条約を締結したが、戦後はいずれも外交政策の失敗と評価された。1946年の東京裁判の最中に病死した。

鮎川義介は、1880年生まれ。鉱業会社の日本産業（日産）の社長として、日産自動車、日立製作所などの数多くの企業を傘下に収めた日産コンツェルンを創始した。1934年、日産コンツェルンを満州国に移し、満洲重工業開発会社の初代総裁になる。関東軍や満洲国政府の要請による、満鉄を分割して満洲国の産業を改編する目的を持っていた。２代目総裁は、高碕《たかさき》達之助。鮎川は、戦後も産業界で活動したが、往年の政治力はなく、1967年に死去した。

3スケはみんな山口県出身です

私については76ページをご覧下さい
岸信介
国際連盟脱退、
日独伊三国同盟、
日ソ中立条約
大切な外交は全て私です
松岡洋右
鮎川義介
終戦後は戦犯で20ヵ月巣鴨入り。
出獄後は参議院議員もしました。
東洋大学の名誉総長もしています。

ノモンハンを描いた文学作品

1939年のノモンハン事変は、ノモンハン戦争というべき本格的な空中戦、戦車戦であったが、日本軍・満洲国軍が敗北に終わったこの戦闘について、日本側では箝口令《かんこうれい》が敷かれ、その敗戦の状況は銃後の日本国民には伝わらなかった。むしろ、草場栄の『ノロ高地』のように、戦闘機による空中戦によって、相手側に甚大な損害を与えたということだけが誇張的に報道、宣伝され、アジア・太平洋戦争の終末後まで、その真相は隠されていたといってよい。

なお、のちに人体実験を行った陸軍731部隊の石井隊長などは、この戦闘に給水部隊として参加し、給水、防疫の専門家として、さまざまな化学実験、生物学実験に乗り出すことになったといわれる。

石井四郎

伊藤桂一の『静かなノモンハン』は、ノモンハン戦争の生き残りの兵士たちから直接的に聞き書きした記録文学といえるもので、ソ連軍の圧倒的な機械化部隊に対して、非力・無力な日本軍の悲惨で悲壮な自爆攻撃などの様子を描き出し、強い感動を与える。

村上春樹の『ねじまき鳥クロニクル』では、このノモンハン戦争に先立つ日本軍のスパイ活動や、その捕虜となった日本軍兵士に対するソ連・外蒙古軍兵士の残虐な処刑場面を描いている。戦後生まれの村上春樹が、その長編小説のなかで、ノモンハン戦争や、満洲国の崩壊の混乱した状況を描いたことの意味について、少なからぬ評論や研究が出されている。

Ⅳ 満洲国の開拓

1

1932年、関東軍の東宮《とうみや》鉄男《かねお》大尉と農業指導者・加藤完治の発案による「第一次試験移民」として、20歳から35歳までの在郷軍人493名が三江省の佳木斯《チャムス》に送られた。青森、岩手、秋田、山形などの東北の各県、新潟、長野、茨城、群馬などの北陸・関東の各県、11県の出身者たちである。これが満洲最初の開拓村、「弥栄村《いやさかむら》」となった。「弥栄」とは、漢語の「万歳」に対して、大和言葉としてそれに代わりうるコトバとして造語されたものだった。もと永豊鎮《えいほうちん》と呼ばれていた土

地だった。
次に、その近くに第二次試験移民455名が入り、「千振《ちぶり》村」が生まれた。この後、二十数万人という日本人農民が満洲国の各地に移民として送られた。第五次からは「試験」という名前は消えて、「集団移民」となった。1936年の6月には、新京で関東軍、満洲国、日本の拓務省、朝鮮総督府との合同の移民会議が開かれ、「20年で100万戸、500万人を移住させるという大移民計画」が立てられた。これが、日本が史上最大の規模で計画した「満洲開拓移民」である。1937年には、50万人以上にのぼっている。最初の移民約500人からわずか5年の間に1000倍になったのである。
最初の試験移民は「武装移民」として一人ずつ小銃を持たされ、ソ連を仮想敵国とした国境警備の役割をも持たされていた。農業移民としてなら、南満洲や、せめて中部の気候や土地柄のよい地域に配置すべきものを、あえて北満の国境地帯を開拓地としたのは、関東軍の東宮鉄男大尉の「北辺防衛計画」に基づいたものだった。しかし、そうした軍事的目的は巧みに隠され、新天地の開拓として喧伝されたのである。だが、いわゆる匪賊とされた抗日ゲリラとの戦闘は、実際に幾度か引き起こされ、その犠牲者となった開拓移民も存在したのである。

1936年の第五次移民からはいわゆる普通移民であり、国策として大々的に募集して行われた。年齢は33歳まで、のちに40歳までとされ、農民か、農業経験があり健康な者というのがその条件であり、応募すれば、満洲までの渡航費は政府が補助し、それ以外に一戸あたり1000円の補助金が出た。一般的には昭和10年代と現代の貨幣価値は１対3000といわれているから、300万円近くということになる。貧乏な小作農民には、見たこともない金額ということになるだろう。

日本の村を二つに割って、片方が満洲で「新しい村」をつくる分村移民（長野県大日日向村がその例である）というのもあった。農業をそれまでやっていない東京都下の商店街がそのまま移ってきた、帰農移民というのもあった。そうしたさまざまな形態の移民が、続々と満洲に送り込まれてきたのである。

彼らの入植の土地は、「赤い夕陽の満洲」「広大な未開の新天地・満洲」「王道楽土」というイメージ、スローガンで鳴り物入りで宣伝され、それを担当する日本政府の部署として拓務省がつくられ、県庁の役人や市町村の担当者が、草の根をかきわけるように「満洲移民」を募集した。県や市町村によっては、移民の数のノルマを決め、それを募集する役人に押しつけるといった実例も多数見られたのである。満洲拓殖公社という官製の会社がその資金の融通を含めて全面的にバックアップした。満拓は、現地の中国人農民から土地を買い上げ、そこを日本人移民に斡旋したのである。送り出す日本側には満洲移住協会というやはり官製の広報機関がつくられ、移民の手引きや関係の書籍を出版し、宣伝、旗振り役となったのである。

満蒙開拓青少年義勇軍募集
財団法人満洲移住協会

拓け満洲の大沃野
満蒙開拓青少年義勇軍

2

だが、この「開拓移民」というコトバには、まやかしがあった。そもそも「開拓」というのは、畑や田んぼにならないような荒れた野原や藪や森林を切り開いてゆくものである。木を伐り、その根を起こし、草をむしり、土を耕し、時には水路を開き、土を運んできて、ようやく耕地ができあがる。住む家も建てなければならないし、家畜（農耕馬の支給もあった）の小屋や作物の収納庫も必要だろう。開拓移民の人々は、そうした苦労と困苦が満洲で待ち受けていると思い、武者震いをするような気持ちで大陸へと渡っていったはずだ。

だが、その移民たちが入植地で見たのは、すでに畑地となっている既墾地であり、すぐにそのまま生活ができるようになっているそれぞれの「家屋」だった。満洲拓殖公社は、もうすでに「開拓」が完了している土地と、既成の住家までも用意して、日本からの農業移民を待っていてくれたということだ。もちろん、日本からの移民たちはそれを喜んだ。日本では土地をもてなかった小作農や、土地を分けてもらえなかった小規模な自作農の次男、三男が、日本では考えられないほどの広大な土地の「地主」となることができたからである。しかも、それは立派な畑地としての既墾の土地だったのである。

日本人移民の「幸運」の陰には、満洲人農民（満農）の「不幸」があった。つまり、「満拓」は日本人移民の土地を確保するために、満洲人農民が耕していた土地を安い金額で無理矢理に買収し、さらに家屋までも取り上げて、そこから彼らを追い出したのである。日本から何戸かの移民がその村に来るのかが分かると、「満拓」の職員は強制的にその分だけの土地を買い上げ、何日の何時までに明け渡すようにと命令する。満洲人の農民は、わずかな家財道具を荷車などに載せ、年寄りや子どもなどの家族を連れ、それこそ未開拓の原野を探して、逃げるようにして村を出ていかなければならなかった。

あるいは、そのまま村に残れたとしても、今まで自分が耕していた畑で、今度は日本人の地主から土地を借りる小作農か、農業労働者と

満洲農民の不幸
日本人移民の幸運
開拓？

して住み込みで働くということになってしまったのだ。日本人は地主となって懐手《ふところで》をして歩き、実際に働いているのは満洲人ということも珍しいことではなかった。朝鮮人の農業労働者を雇っている例も多かった。

寒冷地の満洲での農業のやり方は日本式ではどうにもならず、満洲人農民による「満農」式の農業でなければならなかったという事情もあった。たとえば、北海道式の機械化農業が宣伝されたが、長い期間凍土となる満洲の土地柄や、夏の間は雑草との闘いに明け暮れるという農業環境では、機械化農業は絵に描いた餅でしかなかった。人力と畜力がどうしても農作業の中心とならざるをえなかった。これが日本人のいう「満洲開拓農業」の実際だったのである（これらの満洲開拓農業の政策的失敗については、島木健作の『満洲紀行』に詳しい）。

もちろん、満蒙開拓青少年義勇軍や、一部の自由開拓団など、本当

転向文学のベストセラー作家

島木健作

の原野から「開拓」を行った人々もいた。灌漑工事を行い、水田を切り開いた開拓団もあった。だが、日本人の開拓移民の多くは、満洲人の農地を取り上げた土地に入植した。これが「五族協和」という理念をスローガンとした満洲国の農業の実態だったのである。満洲国の崩壊後、多くの開拓村が、中国人農民によって襲撃され、略奪されたということは、こうした満洲拓殖公社のようなやり方に対する、満洲人農民の報復感情の爆発といってよい面もあったのである。満洲人の土地を取り上げなかった開拓村では、襲撃にあわなかった、あるいは村内の満洲人が日本人を匿ってくれたという少数の事例があった。政府の政策の誤りを、日本人開拓民が、代わりに償わなければならなかったのである（ただし、既墾地の農地を提供されたということに開拓移民として疑問を持たなかったかという筆者の質問に、開拓移民経験者の多くは疑問を持たなかったと答えた。和田傳の小説『大日向村』でも、立派な農地が準備されていたことを母村に得々として報告する手紙が引かれている）。

村人口の約半数が渡満した大日向村。移民の約半数が大陸で死亡した。

機械耕作合

3

「満蒙開拓青少年義勇軍」（「義勇軍」と「義勇隊」の使い分けについては、前述）は、1934年から始められ、最初はソ連と満洲国の国境地帯に15歳から21歳の青少年13名が送られ、大和村北進寮を開設した。翌年にはこれに16名が加わり、1937年にはさらに多数の青少年が日本からやってきて、100名近い義勇隊員が共同生活をし、開拓に従事することになった。

これらの成功に気をよくした日本の政府は、1937年に、今後年々３万人もの義勇軍を送るという大計画を立て、実行することにした。まさに満洲国を「青年の国」にしようという目論見である。しかし、問題点も多々あった。一つは、「屯墾《とんこん》病」といわれるものである。これは、分かりやすくいえばホームシックであり、満年齢でいえば、１４歳から15歳の少年もいる義勇隊のなかでは、当然起こりうるものだった。父母や兄弟から切り離され、軍隊式の集団生活のなかで、厳しい訓練や農作業労働を行うのだから、精神的なショックを受けるのも無理はなかった。

訓練所の周りには日本人はおろか満洲人の村もなく、あってもコトバが通じなくては親しくつき合うことも不可能だった（ただし、なかには漢人、満人、オロチョンなどの現地住民と交流を持つ隊員もいた）。食べ物も、当時の日本の貧しい村でも食べたことのないような高粱《コーリャン》、ヒエ、アワなどであり、食べ盛りの青少年に栄養のあるものをたっぷりと食べさせないのである（そのための予算が極端に切りつめられていた）。「質実剛健」の青少年義勇軍の立案者である加藤完治は、極端な国粋主義と精神主義の信奉者であり、科学的、医学的な教育的見地とは無縁だったのである。

満洲に来る前に聞いた話と、来た後では話が違っていた。何かだまされてとんでもない所に来てしまったと思い、日本に帰りたいとホームシックにかかるというのも、無理のないことで、それが「屯墾病」であり、無理な政策執行のための当然の反動といってよかった。青少年義勇軍として満洲に来た一人は、こう言っている。

日本から満洲へ向かう満蒙開拓少年義勇隊
国粋主義
精神主義
「質実剛健」
若い頃は熱心なクリスチャンでした。
肥えの熟成をみるため
"糞尿をなめる"ことで有名
開墾病→ホームシック
青少年義勇軍の立案者
加藤完治

そこで県庁の方が満洲は良い所で小遣いをやるとか、土地をやるとか、官吏にするとか良い所ばかり並べたのでは、現地の訓練所に行ってから相当苦しく感ずるだろうと思います。募集する時には、義勇軍に行けば相当苦しいということも話してもらいたいと思います。そうすると、そこでこそ義勇軍に行った者は苦労困難を求めて来る人でありまして初めて義勇軍の使命が達成出来ると思います。苦しみを覚悟して生活が楽であったならば、その上のことはないだろうと思います。自分も県に帰ったら、募集して下さった人に、そのことは十分申し上げたいと思っております。

つまり、義勇軍を募集するときは、お小遣いも出るとか、土地がもらえるとか、３年間我慢をすれば官吏になれるとか、そんなオイシイ話で青少年を釣るような募集人が多かったということである。主に県庁の役人だが、彼らには「開拓移民」と同じように、何人という割り当てがきて、その目標数を達成しなければならないというノルマが課せられていた。それで、実際とは違ったことをいって、貧しい小作農や、自作農でも兄弟が多く、とても土地を分割して相続できない次、三男をターゲットとして満洲行きを勧めたのである。

しかし、その実態は、そんな貧しい「故郷」であっても、青少年たちに激しく「故郷」を懐かしがらせるような、厳しく、苛烈な状況だったといわざるをえないのである。

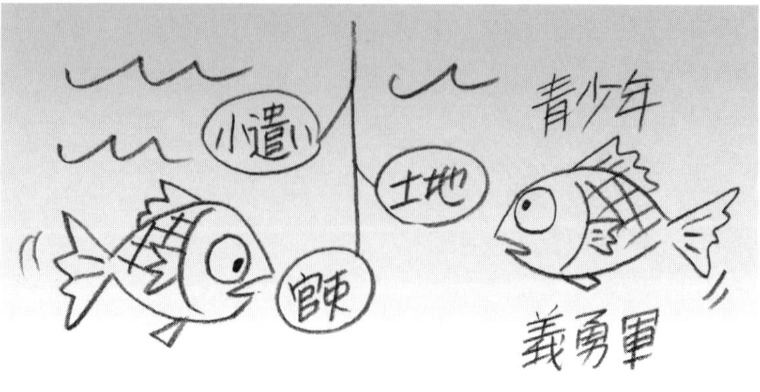

ねむい眼をじっとこらえてなつかしい故郷の山河を思い浮かぶる

一日の疲れは云わず我が友は故郷の便りひたむきに読む

はるばると姉の送りしわさびにて粟の御飯の美味しかりけり

渡満せんと決意を言えば父上の煙管もつ手のふるえはげしき

古里の母の送れる新聞を友とかこみてむさぼりて読む

義勇軍の訓練所に入った青少年たちの作った短歌である。もちろん、「皇国の拓士」になるとか、「鍬の戦士」になるといった勇ましい歌もないことはないのだが、多くは義勇軍での生活の苦しみをそっと洩らし、「故郷」や「父母・兄弟」を偲ぶといった内容のものだ。真面目で純真な青少年をだますように連れてきて、関東軍の代わりに国境警備に当て、さらに自分たちで自給自足させる。日本の政府や軍隊は、そうした安上がりの「義勇軍」を仕立てることによって、日本の国益にしようとしたのである。しかし、それが政治家や官僚や軍人の「私益」に回ったことは、純粋な青少年たちの知るところではなかったのである（義勇軍の脱走、逃亡、自殺、内部での反抗・抵抗といった事例は、明らかにされていないが、相当数あったものと考えられる）。

V
満洲国の生活

1

『山月記《さんげつき》』や『李陵《りりょう》』などの小説で知られている中島敦《あつし》に、その初期の作品として『D市七月敍景（1）』という短篇小説がある。（1）とあるが、（2）以降は書かれなかったので、その完成された全体像は不明である。D市とは大連市のことであり、この作品は、大連での、3つのパートに分かれた登場人物の7月のある日の出来事をオムニバス的に描いた小説である。第1パートの主人公は、満鉄総裁。第2パ

ートは、その満鉄に勤める日本人社員の家庭、第３パートは、２人の満人（中国人）の苦力《クーリー》の話である。

中島敦が、この作品を第一高等学校の『交友会雑誌』に発表したのは、1930年１月のことだから、この小説の舞台となっている大連は、まだ関東州に属していて、厳密には満洲国ではないのだが、少々のタイム・ラグは許容してもらうことにして、満洲国の大連の三つの階層の人物たちを描いた小説と評することができるだろう。とりわけ、一国の王様ともいえるような地位にいた「満鉄総裁」と、社会の最下層にいる苦力という登場人物の落差や対照性は、中島敦がこの作品を書くことにどんな意図を持っていたのかが、明らかにうかがわれるものであると思う。

つまり、それは満洲という世界（社会）の最上層と最下層、そしてその中間の階層を、並行して描くことによって、その社会的な矛盾を際だたせて見せるということだ。また、それは植民する側と植民される側とのきわめて鮮烈な対照の対比でもあった。中島敦における「社会主義」的傾向、プロレタリア文学的傾向が見える数少ない習作的作品といえるのである。

車はロシヤ町から敷島広場の方に出た。／彼は一寸ネクタイを押えながら、眠そうな眼をしばだたいて硝子窓の外を見やった。／午近い外光が眠りの足りない彼の眼に眩しかった。かっとした日ざしが白い鋪道の照り返しと共にアカシヤの街路樹の葉を萎えさせて居た。その下に休んで居る黄包車には、口をあけたまま車夫がぐったり後によりかかって眠って居た。／彼——M社総裁のＹ氏（会社でも此処は社長とはいわない）は——じくじく額から湧き上がった汗を手巾でぬぐいながら、片手で臆病そうに、みぞおちあたりを押えて見た。

M社総裁とは、もちろん満鉄総裁である。書かれた時期と内容によって、この総裁が第10代目の山本条太郎をモデルとしたものであることがわかる。車による送り迎え、アカシヤの街路樹のある舗装された自動車道路。連日の会議、宴会、打ち合わせによって寝不足となり、昼近い出勤であっても、まだ眠り足りない満洲の王様ともいうべき権力者。その権力者が、しゃっくりという、自らの身体の内部の不随意筋の痙攣によって悩まされるというのが、中島敦が設定した、第１パートのエピソードなのである。

満鉄総裁は、初代の後藤新平をはじめ、２代目の中村是公など、日本国内の有力な政治家を後ろ盾に、単なる株式会社の社長というよりは、満鉄の本社のあった大連（のち、新京に移転）などの関東州の租借地と満鉄の付属地とを支配する、政治権力そのものを持っていた。つまり、植民地満洲の王様であり、皇帝だったのであり、朝鮮や台湾の総督にも匹敵する権力と権威とを持っていたのである。こうした権威は、関東軍の策略によって、次第に力を失い、その下位に立つことに甘んじなければならなくなるのだが、満洲国の政府や地方政府に人材を送り、日本の政治家や日本領事館との結びつきを通じて、関東軍の独裁にストップをかけうる存在として、満鉄は満洲国の最期に至るまで、その存在感を示すものであった。10代目の山本条太郎は、満鉄中興の総裁として知られているが、関東軍参謀本部の満鉄切り崩しの工作は、すでに始まっていたのであり、彼はその不随意筋の痙攣のような身内の反抗に耐えなければならなかったのである。

2

第２パートの主人公は、総裁の下で働くＭ社社員である。彼は妻と幼い子どもを伴って、日本から満洲へと渡ってきた。彼は、作品内でこんな回想に耽る。

彼はいつの間にか、もう十五年程前の東京での生活を思い出して居た。父親のなかった貧しい彼は（之とてあまり裕でない）今の妻の家から学資を出して貰って、やっと高等専門学校を出ると、すぐに、おきまりの下級会社員の生活であった。電車の通る度にガタピシ揺れる裏町の暗い借家、間尺の合わない障子、破れた襖、裏の物干棹にかかったおしめ。その中で、彼は妻を貰い、最初の女の児を挙げて、すぐにそれを失くした。それから、今の長男が生れると間もなく、知人の伝手で、此の苦しい生活から逃げる様に満洲にとび立ったのである。生活は想像以上に楽であった。収入は内地のそれに殆ど倍した。彼はそれ以来、此のＭ社を離れなかった。そして今では此処の社員倶楽部の書記長を勤めて居た。内地で、一生、いくら勤めた所で、とても、今の自分位の生活《くらし》はできなかったろうに、と、彼自身時々、非常な満足を以て考えて見る程だった。

日本の「内地」では下級のサラリーマンだった彼が、満洲では収入

が２倍となり、社員倶楽部の書記長までやっている（満鉄の社員会［倶楽部］は経営方針に口をはさむほど大きな力を持っていた）。日本の官吏たちが満洲国政府に派遣や出向という形でやってきたのも、そこでは大いに腕を振るえるということと、給与が増え、外地手当が加算されるという好待遇にもあった（中島敦の父親の田人が漢文教師として、朝鮮の龍山《ヨンサン》や大連の中学校に赴任したのも、外地手当などの好待遇を望んだものと思われる。なお、敦の叔父の比多吉は満鉄社員であり、家族とともに大連に赴任していた）。

　また、満鉄では福利厚生の制度や施設が充実していて、中島敦も、満鉄付属の別府温泉の療養所などで長期療養している。第１パートの満鉄総裁のエピソードは、そこで同じ療養所の満鉄社員などから聞いた話を基にしていると思われる。

多くの満洲移住の日本人にとって、満洲での生活はレベルアップにつながった。農業移民にしても、日本国内では土地を持たない小作農だった農民が、満人農夫が開墾した田畑を与えられ、自作農どころか、地主として小作人を使って農地を経営するという例も少なくなかった。製造業や水商売、商業や不動産業などで、一旗揚げた渡満者も少なくなかった。彼らにとって満洲はまさに「楽土」であり「楽園」だったのである。もちろん、その背後には、満人農夫や労働者たちの、苛酷で悲惨な落魄や貧困が横たわっていた。第３パートは、そうした満人の苦力２人が主人公である。

二人の苦力は高酒をあふりながら、感心して、之を見て居た。彼等はもう、いい気持になって居た。久し振りのアルコホルが身に沁みて嬉しかったのであった。彼等は次第に気が大きくなって行った。彼等は仕事のことも忘れて了った。明日の飯のことも忘れて了った。現在金銭もないのに飲食して居るのだという事実さえ忘れて了った。（中略）／「失せろ！　この、いんちき野郎奴。」／彼は力をこめて、二人の腰のあたりを蹴とばした。二人は、だらしなく土間の上にころがった。亭主は、それを追いかけて、二人の襟首を両手で摑むと、戸口から、眩しい往来に力一杯抛り出した。／投げ出された二人は投げ出されたままの姿勢で、重なりあって倒れたまま、動かなかった。彼等はいい気持になって居た。なぐられた節々のいたみを除けば、凡てが満ち足りた感じであった。腹は張って居るし、アルコホ

ルは程よく全身に廻って居る。一体、之以上の何が要《い》ろう？

仕事も金もなく、無銭飲食をした２人の苦力が、飲食店の亭主にたたき出され、白昼の道路に重なり合って倒れているシーンである。この苦力たちの生活難の背景には、満洲での産業構造や港湾労働の変革や変化がある。満洲の主要な農業・工業生産物である豆粕や豆油が外国産品に押されていること、港から大豆を直接外国船に積むことになったこと、そして肥料としての豆粕が、化学肥料に取って替わられていることなどが、間接的にこの２人の苦力から仕事を奪い、生活苦に直面させているのである。

７月の大連での、最上層の満鉄総裁から、最下層の失業した苦力まで、中島敦は、同時代、同時間、そしてほぼ同じ空間に住む三者三様の「満洲国」人の状況を描いてみせた。それはもちろん、フィクションのなかの人物にほかならないのだが、いわば一種の典型として満洲国の「国民」を表現しているのである。

3

もちろん、満洲における社会のさまざまな民族や階層や老若男女の差違を、中島敦の『D市七月敍景（1）』のような、三つだけに限定することは不可能だ。「五族協和」といわれていたように、主要な民族集団としても、満人といわれた中国人（漢族、満洲族）がいて、日本人としての日本民族と朝鮮民族がいて、旗人といわれたモンゴル人がいた。白系ロシア人のほかに、ユダヤ人やアルメニア人がいた。オロッコ、オロチョン、ブリヤート、キーリン、ギリヤークなどの北方少数民族も、興安嶺や沿海州地域の住民たちだった。

農業、牧畜、漁労、狩猟、都市労働者、都市生活者と、その生活形態も、生活文化も、多種多様だった。支配層から中間層、下層の被支配層まで、階層も階級もばらばらで、複雑多岐にわたり、一つの民族国家はもちろんのこと、国民国家としてまとめあげることさえ、とうてい不可能なことだったのである。

同じ日本人の間でさえ、満鉄職員や、官吏と、満洲でのにわか景気に引かれてやってきた商売人や民間人の間では、意識の面でも生活レベルでも、かなりの格差があったといえるだろう。大連、奉天、新京、ハルビンなどの大都市と、農村や開拓地とでは、そこには雲泥の差があるといって過言ではないはずだ。日本人の満洲体験といっても、そこには、ほとんど一人に一つずつの固有の体験が秘められているといってよいのである。

『満洲国の私たち』という作文集がある（序文を、川端康成が書いている）。1942年に中央公論社から出版されたものだが、もともとは満洲国協和青少年団中央統監部が全満洲の男女青少年の「生活記」を募集し、その当選作をまとめて本にしたものである。「五族協和」をスローガンにするだけあって、使用言語は日語、満語、蒙語、露語のいずれでもよく、当選作はそれぞれの言語で刊行されるはずだったが、結局は日本語版だけが刊行された（満洲国の「国語」は、三つあった。日本語と満語＝中国語、そして蒙古語である。それぞれの民族によって、「国語」が異なっていたのである）。そこには、日本語以外のものも、翻訳されて掲載されているのである。

そこから、満洲での生活の実態が浮き彫りにされるような、いくつかの作文（生活記）を見てみよう。

今日は隣組の常会が開かれる日だ。私は何かうれしくて一日中そわそわしていた。夕方から奉公団の訓練があるので母が出た。私は母が訓練を終えて帰って来ると、早速どんな事をしたの？　と聞いた。母は色々話してくれた。今日は奥様方の避難演習等をしたのだそうだが、その婦人方の服装は、モンペは勿論カッポウ着をつけていた人もわずか三、四人しかいなかったそうである。皆満艦飾で、まるで晴の席へでも出た様に美しく着飾っていて、回覧板にはカッポウ着をつけて来る事とは書いていなかったと言っていたそうだ。

私は内地の人達がモンペをはいて勇ましく活躍している写真をよく見るけれど、奥様方はそんな写真を見ないのかしらと不思議に思った。訓練といえば、どんな服装をして来たらよいか位、人にいわれなくてもわかりそうなものなのに、私はいくら初めての訓練とはいえ、満洲にいる婦人の呑気なのに驚いてしまった。下の家の小母様も、母がさそいにゆくと、きちんと着物を着かえて白足袋をはいて出ていらしたので、カッポウ着位つけたらと言うと、宅がこの方が良いと申しますからとおっしゃったそうである。奥様も奥様だけど、旦那様も旦那様だ。ほんとにあきれてしまった。

この17歳のけなげな日本人少女・古川和子さんは、自分自身こそ、満洲国に住んでいる「国民」であることをまったくといっていいほど理解していないようだ。彼女のお手本は「内地」であり、「内地の人達」よりも「満洲にいる」人たちが呑気なのに驚いているのだが、国の事情が違えば、その戦争の切迫感が違うのも当たり前だという感覚や意識は、彼女にはまったく浮かんでこないのである。隣組の常会が開かれるので「一日中そわそわしてい」るというのも、少し変だが、これも満洲で「内地」と同じように、隣組、回覧板、避難演習といったことが実現されていることが嬉しいのだとでもいうのだろうか。

いずれにしても、満洲国の都会に住む日本人の少女には、自分が日本の国籍を棄て、満洲国に帰化する日が来るかもしれないということは、一顧だにされない可能性にほかならなかった。幸いなことに、そうした帰化か、帰国を迫られる前に、「満洲国」そのものが雲散霧消してしまったからよかったのだが。

次の手記は、朝鮮族の満州移民の子どものものである。

4

私の家は私が十二歳になるまで朝鮮で非常に貧しく、学校へも通えなくて、薪を取っては生活をしていた。しかし兄さんは親戚の家の力で簡易学校を卒業した。私は兄さんに、一年間、昼は働き、夜は小学一年生の読本を教えてもらった。或時、お父さんは満洲には多くの土地があって、容易に生活出来ることを聞かれて、決心して一人で満洲に入られた。時は昭和十二年の春の事であった。お母さんとお祖母さんと十五歳の兄と私と弟妹の六人が朝鮮に残っていた。

その翌年私も家族と共に満洲のお父さんの所へ行く事になった。わずかの田や畠を売りはらって出発した時は、十二年という長いと言おうか短いと言おうか、こんなに山河のうるわしい、又温かいこの生まれ故郷をはなれて、寒い寒い又匪賊のうようよしているあの満洲に今行くのかと思うと胸が一ぱいになって来た。しかし一方お父さんの所へ行くのだと思うとうれしい。しかしやっぱり悲しい。幾度も幾度もふり返り見ては涙を落し、村の人々に見送られてとうとうこの満洲に入ったのである。

今も時々故郷の事が思い出されるが、しかし満洲がもっともっと好きになって来た。朝鮮から始めてこの満洲に入る時、匪賊がうようよしているという事を聞いて非常に恐ろしくなったが、実際に入って見るとそんなにひどくはない。しかし時々匪賊が攻めてくるといううわさが出て、おそわれた時があった。私は始めから拉濱農場に入った。そこで始めて水田を三もらった。私は来てから春まで仕事をしていたが、この拉信校が建設されると、今勉強を始めても遅くないと思って、始めて二年生に入学した。

拉濱崇信《らひんすうしん》国民優級学校の２年生、安田鐘哲君の作文である。16歳という年齢は、とうに国民学校を卒業している歳なのだが、作文に書かれたような事情があったのだ。朝鮮人は、日韓併合によって植民地と化してから、自分の土地や、小作していた土地を追い払われることが多かった。また、日本の近代的な資本主義の制度が入ってきて没落した者、もともと貧しかった者は、新天地としての満洲へ向かう者も少なくなかった。たぶん、「安」という名前だっただろう鐘哲君の父親は、単身満洲へ渡り、農業労働者として働いた後、暮らしのメドが立ったところで家族を呼び寄せたのである。

朝鮮半島から満洲への農業移民も盛んに行われ、土地を持たずに満洲国に来た朝鮮人のために５カ所の集団農業地がもうけられ、２万人以上の朝鮮人が移民してきた。安田鐘哲君の家族もこうした朝鮮人移民だった。

張赫宙《チャンヒョクチュ》は『開拓移民』という小説を、湯浅克衛《ゆあさかつえ》も『二つなき太陽のもとに』という、朝鮮人農民の満洲移住をテーマとした小説を書いている。次の作文はロシア人のものである。

一九四一年六月二十八日、学校は夏休みになった。その時、ロシヤ人の各学校から、野営にゆく生徒がえらび出された。ぼくらの学校でも、何人かの生徒が指名されたが、 ぼくもその仲間に入った。ぼくらは、月曜日の七月一日、午前九時に学校へ来るようにいわれた。ぼくらはみんな集まると、校長先生といっしょに、船着場にでかけた。ほかの学校の生徒たちといっしょになり、みんなでいっしょにカッターに乗って、野営地にでかけた。(中略)

それから夜になると、夕食後にまた、焚火のまわりに集まっていろんな話をした。それもまたとても面白かった。焚火のまわりでは、順番をきめて詩の朗読をしたり、拳闘をやったり、相撲をとったりした、これらの楽しみをぼくらがうけることができたのはみんな満洲国政府のおかげである。亡命露人には、こんな事業をやる力がないので、満洲国政府が、亡命露人の少年たちの世話をしてくれるのである。こうしてぼくらは、いつか知らぬ間に、ぼくらの野営生活を、楽しく、幸福にすごしてしまった。

ポチトワヤ街国民学校高等１年のゲォル・ギィ・プロホムフ君は、夏休みのラーゲリ（野営）体験を作文に書いた。最後の満洲国政府への感謝の文章は、本当にプロホルム君の書いた原文のままなのかあやしまれるが、満洲国政府が、亡命ロシア人、白系ロシア人に対して、ある程度の顧慮を払っていたことは確かだろう。それらのロシア人の中に、ソ連側のスパイや情報収集員がいるのが確実なように、満洲国側（日本側）もそうしたロシア人から、ソ連の情報を得ようとしていたことは間違いないのだから。

もちろん、ロシア人が優遇されていたとか、差別を受けていなかったということなどは、まずなかった。貧しいロシア人というのが、一般的な見方であり、満洲国が積極的にそうした白系ロシア人のための施策を考えたということなどない。ハルビンにおける白系ロシア人の惨めな生活ぶりについては、『氷花』などの竹内正一の一連の小説作品に描かれている。

満洲国の白系ロシア人文学者としては、シベリア密林に住む虎を主人公として動物文学『偉大な王《ワン》』を書いたバイコフが有名だが、彼は満洲のロシア人を代表する形で大東亜文学者大会に出たり、日本で翻訳されたために、満洲国崩壊のときには、あらためて亡命しなくてはならない憂き目に遭い、最終的には亡命先のオーストラリアで死亡した。

5

今や欧州各国は干戈相見え、日本は東亜共栄圏のためにとして努力を続けている。世界を挙げてめまぐるしいばかり狂奔の最中、ひとりわが満洲国はかような安楽な地位にある。われわれ満洲の民ためものは、幸福であるといわねばなるまい。従って如何なる事に従事しようとも、われわれは常にこれを楽しんで行うものである。

木綿が姿を消してからもうかなりたつが、これもまた配給が実施された。切符配給を受けてわれわれは喜んで衣服その他に充てている。国兵法が施行されて後、学校の国民道徳の時間には、校長から甚だ熱心に国兵法の話を承り、将来国兵となることを充分に説明していただいたので、そのことに関する限り僕たちの理解は完全である。また校長のお言葉によって、僕たちはこのことをよくわかっていない、勝手なことを考えている隣近所の人々に、段々とその説明をしてやった。

第一回の国兵検査の時には、僕たちは学校から参観にゆき、多くの適例壮丁が甚だ元気よく検査を受け、また検査官が壮丁たちに対しては親切であり、規律あることを目のあたり見ることができた。

これは、新京二《に》道《どう》河《か》子《し》和《わ》順《じゅん》5号の劉《りゅう》俊《しゅん》直《ちょく》、18歳の「生活記」である。満洲国軍は、満人に対する「国兵検査」を行い、徴兵にそなえることになったのである。しかし、「このことをよくわかっていない、勝手なことを考えている隣近所の人々」が、多くいることもまた確かである。日本人の日本人による日本人のための戦争に、中国人の彼らが参加しなければならないというのは理不尽であり、できれば忌避し、拒絶したいものであることは当然だった。

もちろん、そんな本音を少しでも漏らすことは、満洲国において、とりわけ「満人」の側の人間ができることではなかった。関東軍の軍人によって支配されている満洲国において、反軍的、嫌軍的な意見や感情は、許されるはずもなかったのである。軍人国家は、また憲兵国家でもあり、警察、軍隊、検察、裁判所などの権力機構を通じて、そうした反政府的、民族独立的、社会主義思想的な言論や行動は、厳しく取り締まられていたのである。

VI 満洲国の文化

1

満洲の文化について語るときにも、やはり落とすわけにゆかないのが、満鉄という組織の存在である。満鉄が鉄道事業だけではなく、国土や都市のインフラ全般に関わっていたことは既述したが、シンクタンクとしての満鉄調査部や、研究所、図書館、博物館などをつくって、文化活動を行っていたことはあらためて指摘しておかなければならないだろう。そして、そうした直接的なものだけではなく、満鉄の社員や関係者のなかから、満洲における文化的な創作を試みようとする動きが出てきたことも、やはり特筆しなければならないのだ。

たとえば、『作文』という文学同人誌があった。これは1932年に大連で創刊された『文学』が２号目から改題されたもので、同人の多くは満鉄社員、あるいはその関係者だった。有力な同人の小説家で、将来を嘱望され、『第八号転轍器』という単行本の作品集を出した日向《ひなた》伸夫《のぶお》も、満鉄の地方の駅員を経験した満鉄社員で、作品集の標題からも分かるように、保線夫や駅員など鉄道従業員を登場人物とした作品を書いていた（彼はのちに召集され、沖縄で戦死したと伝えられる）。秋原勝二《あきはらかつじ》は、やはり満鉄の職員だったが、同人誌『作文』に多くの作品を載せ、この同人誌の有力な同人だったが、彼の功績は、戦後に日本に引き揚げてきてから、国会図書館に勤務していた青木実らの旧同人たちと再び『作文』を復刊したことにある。とりわけ、次々と鬼籍に入ってゆく旧同人たちの追悼特集は、はからずも満洲国における日本語による「満洲文学」の貴重な資料となっており、おそらく日本で一番古くから続いている同人誌として、『作文』は、大きな文学史的な意味を持っているのである。

しかし、一般的に満洲に関わる文学的な特記事項としては、大連で刊行されていた『亜』という詩誌が、短詩運動の担い手として、安西《あんざい》冬衛《ふゆえ》、北川冬彦、滝口武士《たけし》といった詩人たちによって創刊され、日本のモダニズム詩運動の震源地となったことである。「蝶々が一匹韃靼海峡を渡って行った」というのは、安西の有名な一行詩であり、この蝶々は大陸から日本列島へとモダニズムの詩精神を担って渡って行った。

この『亜』のモダニズム精神は、北川冬彦や安西冬衛などの同人の多くが満洲を離れ、日本へ渡り、やがて『詩と詩論』などの雑誌として、日本のなかで羽化し、発展していったのである。

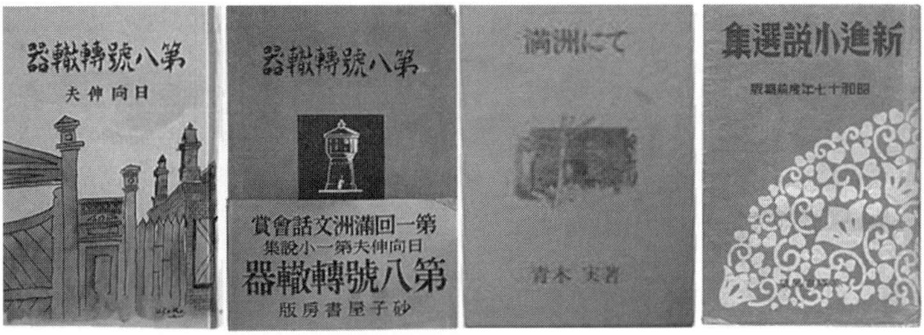

大連とハルビンは、ロシア人が中国の内部につくり上げようとしたロシア的都市だった。1898年、三国干渉によって遼東半島の日本への割譲を阻止したロシアは、清から旅順、大連を租借して、ダーリニーと名付けたロシア的な都市の建設を目指した。そのため、大連は、今度は日本が租借地にしたときには、西欧（ロシア）的な都市として日本人の眼には映ったのである。西欧的、近代的なものと、東洋的、すなわち中国的なものと日本的なものが混じり合った都市景観がそこではつくられていったのであり、モダンなものと、コロニアル（植民地的）なものと、エキゾチックなものとが混沌として渦巻いていたといえるのである。

そこに「内地にもない」モダニズムの芸術・文化運動が胚胎し、日本に逆輸入される形で、日本のモダニズム詩の運動が展開されたというのは、否定できないことであり、その象徴として詩誌『亜』の活動があったのだ。ただ、『亜』の同人たちの活動は、詩の運動のみにとどまったのではない。詩と美術のコラボレーションとして詩画展が開催されたように、言語芸術だけではなく、視覚芸術、絵画のみならず、ポスター・デザイン、写真、造形などの分野へも広がっていった。

こうした日本語による「満洲文学」の試み以外にも、満洲国における文学活動は、言語の壁を超えて、展開していた。いわゆる満人作家として、古丁《こてい》、山丁《さんてい》、爵青《しゃくせい》、梅娘《ばいじょう》などがおり、それぞれ「満語」、すなわち中国語による創作活動を行っていた。蕭軍《しゅくぐん》、蕭紅《しゅくこう》のように、満洲国で文筆活動に見切りをつけ、そこから〝亡命〟を図る者も出てきた。大内隆雄は、これらの「満洲人作家」たちの作品を旺盛に翻訳し、日本の読者（満洲国の日本人読者）に紹介した功労者であり、『満洲文学二十年』という回顧録的な著書もある。そこで描かれている満洲国での日本人と満洲人、あるいは朝鮮人の文学者同士の関わり合い、交流はまさに「同床異夢」といわざるをえないものであり、満洲国弘報処の肝いりで『藝文』といった総合的文化雑誌が用意されても、それは「呉越同舟」のものでしかなかったのである。

日本人による日本語の「満洲文学」の試みの実作を集めたものとしては、『満洲文藝年鑑』が、1937年版から1939年版まで３巻が刊行されている。その年度の代表的な短編小説と詩編、評論と各ジャンルの年間の展望がそれぞれの担当者によってまとめられている。発行はＧ氏文学賞委員会という民間の団体だが、やがて満洲国弘報処のような官僚組織が関与して、満洲国の文芸政策は、『藝文』という総合的文化雑誌に統合されてゆくことになり、武藤富男（満洲国弘報処長）などの文化官僚が、牛耳ることになる。

そうした「満洲文学」に携わった人々のもう一つの貢献は、日本（内地）への積極的な満洲文学の紹介・宣伝だろう。日・満・蒙の著者を集めた『満洲國各民族創作選集』は、１、２巻が日本で出されており、そこには満洲人、日本人、モンゴル人、白系ロシア人の作品が収録されている。また、日本で紹介された「満人創作集」として、古丁の『平沙《へいさ》』などが日本語訳（大内隆雄訳）で出ている。日本人作家のものも、作品集『廟会《みやおほい》』が出ており、これは主に『作文』系の作家たちの作品を集めたものだ。また、『文藝』『改造』『中央公論』などの日本の文芸・総合雑誌が、満洲文芸、満洲文化の紹介の特集などを組むこともあった。

北村謙次郎の主宰した文芸雑誌『満洲浪曼』は、もともと満洲国の日本人の創作をアンソロジーとして集めたものだが、敗戦までに５巻を刊行し、個人の創作集も刊行した。

児童文学関係の出版も盛んであり、とりわけ大連にいた石森延男《いしもりのぶお》を中心とした『満洲少年文庫』や、児童の作文雑誌、作文集、副読本の刊行は、教育の現場に大きな影響を与えた。石森延男は、『咲き出す少年群』という、満洲国の日本人少年を主人公とした少年小説も書いている。山田健二の児童文学の創作集『高粱の花束』など、満洲の風土や題材を生かした創作も盛んだった。また、前出の『満洲国の私たち』のような、満洲の子どもたちの作文集の刊行も、活発に行われた。

日本（内地）へ〝民族協和〟を喧伝する役割もあった。

在満日本人の創作をアンソロジーとして集めた

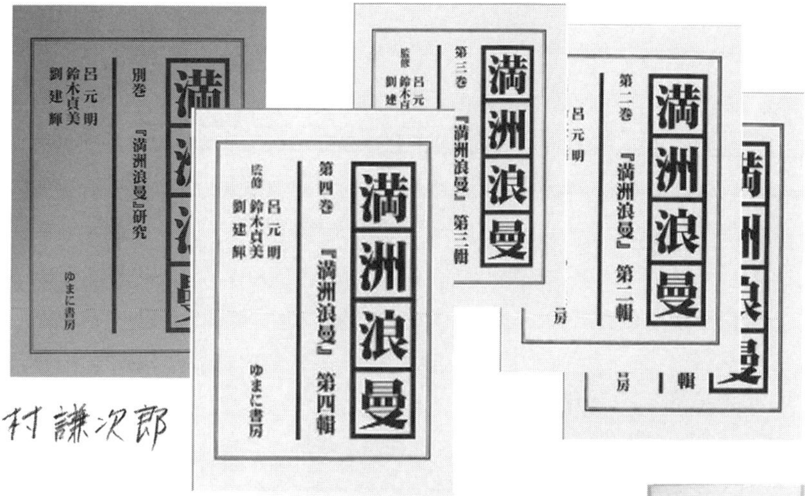

北村謙次郎

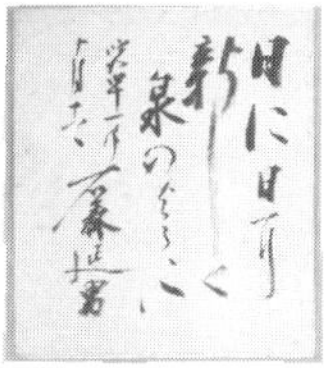

児童文学は教育に大きな影響を与えた

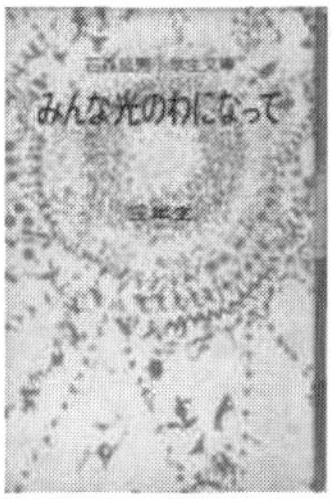

戦後最後の国定教科書を編纂した。
光村図書『飛ぶ教室』の創刊編集委員。

2

満洲の文化活動については、満洲国のプロパガンダの機関としての満洲映画協会、いわゆる満映が重要な役割を果たしている。満洲での映画については、満映より前に、満鉄の文化部門として満鉄映画製作所が作られ、宣伝映画、文化教育映画などの製作と上映の活動を行ったのがはじめである。満州国国務院情報部が企画・立案し、満鉄映画製作所が撮影、製作したプロパガンダ映画は、『満洲国大観』『農業満洲』『穀倉満洲』などの「啓民映画」で、これらは満洲開拓移民や青少年義勇隊の募集のために、日本国内でも上映されたのである。

それはやがて、満洲国の映画製作を一手に引き受ける満洲映画協会の設立をみて、発展的に解消される。満洲国と満鉄とが資本金の500万円を折半して出資し、1937年８月に設立された。映画製作と日本を含む外国映画の輸入と配給を目的とした。当初、社員50人で発足

大杉栄の暗殺や満洲事変など
多くの謀略に関わるも、実は満洲の
文化活動に大きく寄与した人物。
満映に所属していた
森繁久彌や李香蘭など、
甘粕を高評する者は多い。
満映
1937年8月に設立
満洲映画協会
甘粕正彦
終戦後、満映は中国共産党に接収され、
"東北電影公司"となり、その後"東北映画製作所"
→"長春映画製作所"と改名。
今や映画テーマパーク"長春電影城""長影世紀城"が
隣接し、"長春国際映画祭"を開催するなど、
中国映画産業の一翼を担っている。

した満映は、1945年には総数1600名、うち日本人1100名、「満人」500名という大所帯となっていた。1939年に、甘粕正彦が理事長に就任して、それまでの国策会社としてのだらけた空気を刷新して、発展したといわれる。

満映は「啓民映画」、すなわち満洲国の人々を啓蒙するための文化映画を作り、上映することによって、より一層大がかりに満洲国の政策と、その正当性をプロパガンダしようとした。むろん、その対象は主に「満人」と呼ばれた満洲人（漢民族が多数）であり、エンターテイメントとしての「娯民映画」も、満人のスタッフや俳優による満人向けのものが多かった（言語はいわゆる満語＝中国語）。それと同時に、満洲国内の日本人、あるいは日本向けに満洲国の紹介や宣伝を行う日本語のものも作られた。のちには、満映と日本の映画会社との合作映画も、盛んに作られるようになったのである。

満映の映画製作のレベルは、日活多摩川撮影所の所長の根岸寛一や、

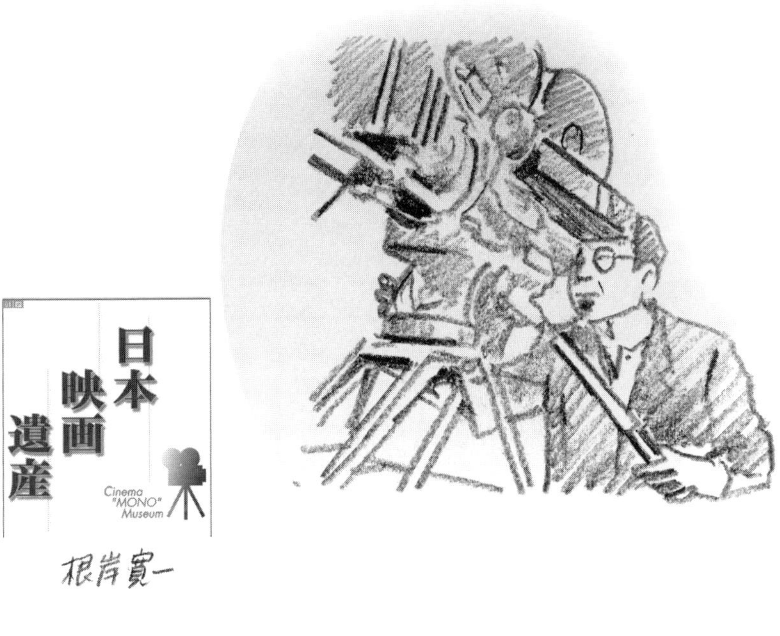

同撮影所のマキノ光雄（牧野満男）などの有力なプロデューサーが満映入りしてから急速に向上していったが、商業的には必ずしも成功したわけではなかった。

この満映の最大のスターが、李《り》香蘭《こうらん》である。1920年に満鉄社員の子として生まれた本名・山口淑子というこの日本人女優は、その流暢な中国語能力を駆使して、中国人俳優として満映からデビューしたのである。中国人向け、日本人向けの両方の娯楽映画に出演した彼女は、中国人の観客にとっては同胞の有名な美人女優として、日本人観客にとっては、エキゾチックな中国人女優として、それぞれに人気を博したのである。

『支那の夜』や『夜来香《イエライシャン》』など、彼女の歌唱によって主題歌もヒットした作品では、日本人と中国人との民族間の恋愛をテーマとする、けなげなヒロインの役を演じて、日満友好のシンボル的な存在としてスクリーン上に登場していたといってよい。『白蘭《びゃくらん》の歌』『迎春歌』『私の鶯』など、満洲、中国を舞台として彼女が歌い、踊る劇映画は、満映（と日本の松竹や東宝との合作）のドル箱としてヒット作となり、台湾でロケを行った台湾と満洲との合作映画『サヨンの鐘』では、彼女はやはり台湾と日本（内地）とを信愛で結びつける高砂族

内田吐夢

北川鉄夫

の少女サヨンを演じた。

李香蘭は、満洲国崩壊後、民族の裏切り者の漢奸として処断されようとしたが、日本人の山口淑子であることが明らかとなり、日本に帰国した。戦後は芸能界に復帰したが、やがて自民党の参議院議員として政界で活動した。現在までロング・ランしている劇団四季のミュージカル『李香蘭』は、そうした彼女の数奇な半生をたどったものである。

満映の理事長となった甘粕正彦は、関東大震災の混乱の時期にアナーキストの大杉栄たちを暗殺したとされることで知られる軍人あがりの人物だが、いわゆる転向した社会主義者たちを満映で受け入れるという懐の深い面も持っていた。マキノ光雄、映画監督の内田吐夢《とむ》、北川鉄夫、坪《つぼ》井《い》与《あたえ》など、のちに日本の映画界で活躍する人材が満映に集まったのも、こうした甘粕の性格によるものといわれている。

満洲国の首都である新京にあった満映の本社および付属の撮影所（とそこで育った中国人スタッフなど）は、満洲国崩壊の後は、中国側に接収され、満映の中国人従業員と日本人職員とが協力して、東北電影公司の長春撮影所となり、映画製作を再開して、やがて解放後の中国映画界の一つの中心地となったことは、満洲国が残した数少ない正の遺産といえるものかもしれない（ただし、満映のフィルム、撮影機械、器具などは、ソ連軍の満洲侵入の際に接収され、中国に残されず、モスクワ等に運び込まれたという）。

長春電影製作所

李香蘭（り・こうらん）

中国名リー・シャンランは、本名は山口淑子という1920年生まれの日本人女性である。満鉄社員を父親に持つ彼女は、父親の知り合いの銀行頭取の李家の名目上の養女となり、李香蘭という中国名を持つことになる。女学校時代に白系ロシア人のソプラノ歌手に歌を習った彼女は、最初、奉天放送局から中国人歌手としてデビューし、1938年には満映からの依頼で、『蜜月列車』に出演して映画俳優となった。子どものときから鍛えた中国語の語学力は、彼女を「中国人女優」としてデビューさせることに大いに役立ったのである。

1939年には東宝と満映との合作映画『白蘭の歌』で、当時絶大の人気を誇った美男俳優・長谷川一夫と共演し、一躍スター女優となり、続いて同じく東宝と中国電影公司との合作の『支那の夜』でも、長谷川一夫とともに主役を務め、主題歌も歌って、前作以上の大ヒット作となった。

1941年２月には、東京の日劇で「歌う李香蘭」というショーを行い、日劇の建物の周囲をファンの列が７回り半となり、警察や消防車まで出て、ファンを追い払わなければならなかったという伝説があるほどの人気沸騰ぶりだったのである。

彼女の主演する、満映と日本の東宝や松竹、あるいは上海の中華電影との合作映画が数多く作られ、李香蘭の名前は満洲だけではなく、日本、中国、台湾、朝鮮の各地域で喧伝されたのである。このため、彼女が日本人であることは、秘密とされ、満洲国崩壊後に、祖国を裏切った漢奸として処罰されようとしたときに、ようやく日本人であることを証明して処刑を免れ、日本に帰国することができたのだった。

戦後は、日本での映画出演もあり、日系人の美術家イサム・ノグチと結婚して話題の人となったりしたが、政治の世界へ進出、自民党の参議院議員として多年、国会で活動した。日満親善、日中友好のシンボル的な存在として、政治や戦争に翻弄されたといってよい彼女の半生だが、そこに単なる受動的なだけではない、積極的な表現者としての表現活動を見ることも不可能ではないはずだ。

実は映画の歌の吹き替えの仕事として満映に来た李香蘭。自分が出演すると気づいてから制作部長のマキノ光雄に抗議したが、はぐらかされ、あれよあれよと出来てしまったのが、デビュー作「蜜月列車」だという。潘淑華という中国名（義子名）もある。

3

ポスターや商業デザイン、写真などのビジュアルな表現活動も、満洲国の代表的な文化の一つであったといってよいだろう。満語、日本語、モンゴル語の三つの言語を「国語」としていたといわれる満洲国において、視覚的、絵画的表現に訴えるポスターやビラなどは、宣伝媒体として、欠くことのできないものだった（一般的な識字率も日本国内などに比較すると低かった）。

「王道楽土」「楽土建設」などの、まるで春聯《しゅんれん》（中国で正月に家の門に貼るおめでたい文句の紙）のような慶祝の文句を書いたポスターが、満洲国の建国や、建国十周年を祝って掲示されたのである。それらのデザインは、中国的なものとモダンなものとを折衷した感覚のものであり、それに時にはモンゴル的、ロシア的、朝鮮的なものも入り混じった〝五族混淆《こんこう》〟的なものといってよかった。

満鉄のポスターやカレンダーなどの広告図案を一手に引き受けてい

たといってもいい、いわゆる「満洲派」の伊藤順三の作品は、漢民族やブリヤート族、モンゴル族などのそれぞれの民族衣装を着た美人画といってよい絵柄が多く、「S．M．R．」、すなわちサウス・マンチュリア・レイルウェイ（南満洲鉄道）のポスターの、エキゾチックで、華やかな画風で一世を風靡したといってよい。高足踊りや仮面による舞踏劇など、民俗文化的な絵柄も多く、斬新な色彩感覚とデザイン性は、新興国・満洲国にふさわしい豪華なものだった。とりわけ、朝日新聞社が発行していた英文雑誌『Present-day Japan』の裏表紙の満鉄の広告は、満洲国の多民族性を強調した図柄をカラーで描き、対外向けの満洲の宣伝を担ったのである。

伊藤順三は、このほか、満鉄や満洲国政府の刊行する雑誌の表紙絵

や、パンフレット類のデザインなども担当し、杉浦非水《ひすい》などと並んで、日本の商業美術の世界に画期をもたらした美術家といえるだろう。観光パンフレット、観光紹介の雑誌、観光案内書など、商業デザインが、実際的に使われる範囲は広く、人材が少ないだけに、伊藤順三のような美術家は、重宝されざるをえなかったのである。

それ以外の美術家として、やはり「満洲派」と呼ばれた甲斐巳八郎《かいみはちろう》がいた。満洲の「満人」などを素描した、描線の太い、漫画風の彼のスケッチは、雑誌、新聞のイラストやカットとして用いられ、画集、素描集が刊行されている。彼は晩年、故郷の福岡へ帰り、福岡美術館で、甲斐巳八郎の回顧展などが開かれた。

大衆文化、大衆娯楽の発展は、多くの娯楽雑誌、専門雑誌を出させ、グラフ雑誌、写真雑誌をも生み出した。満鉄の宣伝・広報活動の中心人物として満洲に呼ばれた写真家の淵上白楊《ふちかみはくよう》は、1932年に満洲写真作家協会を結成し、馬場八潮《やしお》、一色辰夫（達夫）などの写真家が所属し、満洲の人物、風物、風景をカメラに収めていった。背景の風景の広大さに、「満人」をはじめとして白系ロシア人や北方少数民族、炭鉱や製鉄や農業の労働者の働く姿など、さまざまな異民族の風俗と慣習と労働現場、これらの特異な対象を被写体とした満洲の写真作家たちは、当時の日本内地での写真界とは異なった、独自の方法論と芸術性を獲得していったのである。

『満洲グラフ』や『フロント』などの、一種の写真雑誌といってよい刊行物は、競って満洲の風物を掲載し、写真によるポスター作品の募集とか、写真展とか、新生の国家だからこそ、これまでの伝統的な芸術観や芸術思想にとって十分に敵対するものとして、保守的な彼らの芸術を否定し、解体してゆくべきものであるという確信が、こうした若い芸術家たちの胸に芽生えたといってよいのかもしれない。満洲写真作家協会は、『光る丘』という写真誌を出し、その活動の中心としていたのである。19年には、名古屋博物館で「異郷のモダニズム――淵上白楊と満洲写真作家協会展」が開かれ、あらためて満洲における写真芸術の展開が回顧され、評価されたのである。

(上) 写真雑誌 満洲グラフの表紙

(左) 杉浦非水のデザイン (右) 杉浦非水

4

大衆文化としては、必ずしも満洲国の文化とはいえないが、満洲を主題、あるいは素材とした歌、歌謡曲（流行歌）や軍歌などをあげることができる。そのよく知られたものの一つに、軍歌「戦友」があるだろう。「ここは、お国を何百里、離れて遠き満洲の、赤い夕陽に照らされて、戦友《とも》は野末の石の下」と始まる、真下飛泉《ましもひせん》作詞のこの歌は、日露戦争のときに出兵した一人の兵士が、戦友との出会いから、その戦死、そしてその形見の時計を日本に持ち帰るまでのストーリーを歌ったもので、軍歌の勇ましさよりも、感傷的な哀傷のこもった歌として、おそらく近代日本で、一番よく知られ、愛唱された「軍歌」となったのである。

同じような一兵卒の兵士の苦難を歌ったものとしては、「どこまで続くぬかるみぞ」と始まる「討匪行《とうひこう》」は、満洲の山野、原野を匪賊の討伐のために行進する兵士の感慨を歌っている。こうした軍歌は、「麦と兵隊」のように、勇ましい戦闘や英雄的行為を歌わず、兵士のむしろ苦労や困難の多い日常を歌い、銃後の人々の同情と哀愁を誘ったのである。そのため、軍隊内部では、こうした歌を女々しく、厭戦的なものとして、禁ずる場合もなくはなかったのである。

だが、「赤い夕陽の満洲」は、大陸雄飛の、新天地の世界への飛翔という夢の場所、憧れの大地としても表象され、歌われることもあった。「僕も行くから君も行け、支那にゃ四億の民が待つ」という「馬賊の歌」は、満洲そのものではないが、大陸雄飛の憧れと誘引とを歌ったものである。「馬賊の歌」は、馬賊、満洲浪人といった活劇的な虚構を背景とした歌であり、日本国内での満洲イメージを作り出すために力があったが、それは現実性に基づかない、あくまでも架空のヒロイズムによって形作られているものだった。

「戦友」は、日露戦争中の一人の愛国青年を
描いた学校及家庭用言文一致叙事唱歌
「戦績」という12篇からなるシリーズの第3篇として、
明治38年、京都の五車楼書店から楽譜・歌詞集が
刊行された。
歌中の主人公は武雄という青年で、父・母・静という妹がいる。

第1篇「出征」では
召集を待ちわびる
武雄に赤だすきが
届き、家族への別れ
の言葉が歌われる。
"お天子様のため"
"討死にするは当たり前"
と、勇む心を持ち、
"達者で戦争なされよ"と
村人に万歳で送り
出されていく。

真下飛泉

第2篇「露営」では
背嚢を枕に月空の下
故郷に思いを馳せる
武雄が歌われる。
昨日届いたという
家族からの手紙を
取り出し、繰り返し
読む最中、
敵襲を知らせる
ラッパが鳴る。

そして第3篇の「戦友」から、「負傷」「看護」「凱旋」「夕飯」
「墓前」「慰問」「勲章」「実業」と続く。
ラスト第12篇「村長」はシリーズのダイジェストになっていて、
「出征」からの3年間を回想している。
最後、"天晴れ勇士"の武雄は村長となり、
最上の天皇、続く役所を支えるには、まず村の自治である！
と、愛国心を新たにする。

「満洲娘」は、「わたしゃ十八、満洲娘」と、著名な作曲家だった服部良一の妹・服部富子が歌ったものだ。李香蘭（山口淑子）の「支那の夜」や「蘇州夜曲」が、中国人女性の艶やかな恋愛感情を歌ったものだとしたら、健康的なお色気を伴った満洲情緒を歌い込んだもので、胡弓（正確には二胡）や太鼓やドラといった京劇の伴奏楽器などを配置したコミカルな流行歌だった。ただし、これを日本人女性が、満洲人の「王《ワン》さん」に嫁入りするという日・満結婚の歌だと解する研究者がいるようだが、これは満洲人同士の婚姻を歌ったものというのが、妥当な解釈だろう。日本人の入植者に結婚相手を紹介するという意味での「大陸の花嫁」計画が実行されたものの、「五族協和」を謳いながらも、異民族間での〝国際結婚〟は、奨励されることも、推進されることもなかったのである。

「窓は夜露に濡れて、都すでに遠のく、北へ帰る旅人一人、涙流れて止まず」と歌い出される「北帰行」は、旅順高等学校の学生による寮歌として広まったもので、「満洲里小唄」や「国境の夜」のような寂寥感に溢れたセンチメンタリズムが、〝北方〟や満洲にふさわしいものと思われたということだろうか。

満鉄鉄嶺《てつれい》図書館の職員だった東海林《しょうじ》太郎は、背筋を伸ばした、直立不動のスタイルで歌う正当派の歌手として戦後まで活躍したが、そのレパートリー曲の一つ「国境の町」は、「橇の鈴さえ寂しく響く」と、ソ満国境の凍てついた景色を歌ったものであり、哀愁感の漂う流行歌として一世を風靡したのである。

満洲生まれの加藤登紀子が歌う「満州里《マンチュリ》小唄」など、戦後にリバイバルされた流行歌もあり、軍歌や戦時歌謡としてだけではなく、「昭和」の懐かしのメロディーとしての愛好者も少なくない。

満洲を舞台とした童謡も、北原白秋《はくしゅう》作詞の「ペチカ」をはじめとして、新作童謡として数多く作られたが、満洲という場所、その時代を超えて広く、永く歌われるものは少ない。満洲というより、ロシア的な情感を持った「ペチカ」がむしろ例外的というべきだろうか。

この「ペチカ」を作曲した山田耕筰《こうさく》のように、満洲国に関わった作曲家、演奏家、歌手も少なくなかったのである。

VII
その後の満洲国

1

満州国の崩壊は、1945年８月９日のソ連軍の国境を越えての進撃によって始まった。日ソ中立条約を破棄し、ソ連軍の第一極東方面軍、第二極東方面軍、ザバイカル方面軍は、沿海州や外蒙古との国境線を越えて、満州国に侵攻してきたのである。

しかし、最大で75万人の兵力を有していたといわれる関東軍は、その当時、フィリピンや南洋群島、沖縄や本土の防衛のために転出し、櫛の歯が欠けるように少なくなっていた。その欠を埋めるために、1945年６月には、満洲にいる日系男子25万人を召集し、いわゆる「根こそぎ動員」を行って師団を編制したが、兵器、装備が足りなく、軍隊とは名ばかりのもので、実戦の役に立つものではなかった。

ソ連軍の侵攻に、国境地帯に配備されていた陣地や監視哨はひとたまりもなく全滅し、日本側はほとんど抵抗らしき戦闘を行う間もなく、主要な都市も

次々と陥落していった。関東軍司令官の山田乙三《おとぞう》は、総司令部を通化に移すことと、皇帝の溥儀の蒙塵《もうじん》（皇帝が避難のために首都を離れること）を要請した。しかし、8月15日には、日本は連合国軍に無条件降伏し、それを受けて、溥儀一行は、大栗子溝《だいりっしこう》という小さな町で、満洲国皇帝としての自らの退位式を行った。

関東軍の幹部たちは、ソ連侵攻、日本の敗戦の情報に接すると、いち早く家族、家財をまとめて軍用トラックや鉄道列車などで逃走した。彼らの逃げ出した家のなかには、炊きあがったご飯が湯気を立てていたというエピソードもある。ハルビン近郊にあった日本軍の七三一部隊は、「マルタ」と称する中国人の捕虜などを使った人体実験を行っていたことで悪名高い部隊だったが、8月9日のソ連侵攻を知ると、部隊本部内の引き込み線から15両から40両近い編成の列車を仕立てて、隊員とその家族、食料、物資を満載にして朝鮮半島の最南端の港・釜山を目指して、一路逃げ出した。そのときに、人体実験に関する証拠隠滅が行われ、「マルタ」としての中国人が数百名の規模で焼殺されたとされている。

人々を守るべき関東軍に見棄てられた日本人の運命は悲惨なものだった。一般の人々が、日本の敗戦、満洲国の崩壊を知り、避難のために鉄道駅に押し寄せたときには、すでに関東軍の軍人、満洲国政府の重鎮たちの避難のために、列車は払底し、人々は自分たちがとり残されたことを知ったのである。

国境に近い開拓団の場合は、もっと悲惨だった。「根こそ

ぎ動員」で壮年の男子の団員を奪われた開拓団には、老人と婦人、子どもと病人、障害者だけが残るという有り様だった。情報からも途絶され、ソ連軍の攻撃にさらされて全滅したり、にわかに襲撃してきた「満人」（中国人）の破壊や略奪に遭って、全滅、あるいは集団自決したり、あてのない逃避行を始める人々も少なくなかったのである。もとより、交通手段も、防護の手段もないこれらの難民の集団は、ハルビンや新京といった都市にたどり着くまでに命を落としたり、乳幼児を棄てたりといった、いわゆる満洲引き揚げの悲劇が、数多く引き起こされたのである。

「満人」の農民から土地を取り上げ、それを日本人移民に払い下げるという、満洲の移民政策のツケが、そうした女・子どもを中心とした開拓団の避難民に回ってきた。土地や家や家財の明け渡しを要求される程度ならまだよく、問答無用として襲撃され、現地人の復讐感情のままに殺され、傷つけられ、強姦され、なけなしの衣服や食料、貴重品を強奪されることも防ぐことはできなかったのである。

現在まで続く、中国残留孤児の問題は、こうした日本人の逃避行の途中で、棄て子や迷子や孤児になった子どもたちが大部分であり、都市から遠い辺境の開拓村や移民村からの避難民の集団に多かったのだ。

ソ連軍の侵攻、進駐を受けて、武装解除された日本軍の兵隊たちは、根こそぎ動員された老兵、市民兵も含めて、ソ連軍の捕虜となり、シベリアへ送られ、抑留生活を余儀なくされる者も少なくなかった。瀬島龍三など日本軍幹部とソ連軍の密約ともいわれるこのシベリア抑留は、労働力不足に悩むソ連にとって、当然の戦利品と受け取られたフシがある。厳しい自然環境、共産主義の独特な強制労働者の収容のやり方などで、多くの日本人が苦難の日々を過ごさざるをえなかった。

⬆ナホトカの収容所

➡収容所内の調理場

2

満洲からの引き揚げの苦難の記録や文学作品は、枚挙のいとまがないほどだ。ある意味では、日本の戦後文学は、こうした満洲や朝鮮や台湾などの「外地」の植民地からの引き揚げ者や、前線や軍隊からの復員者によって作りあげられた文学であったといっても過言ではないかもしれない。それは、いわゆる戦後文学という純文学の分野だけではなく、エンターテインメントやノンフィクション、さらに児童文学や漫画に至るまで、各分野に及んでいるといえるのである。

ここでは、純文学といわれる作品と、エンターテインメントの作品の1作ずつを検討してみることにしよう。

一つ目は、安部公房《こうぼう》の『けものたちは故郷をめざす』である。それはほとんどの日本人が引き揚げた満洲の町に、一人の日本人少年がとり残され、彼が都市や荒野を抜けて、港へと出て船に乗り組み、日本へと帰ろうとする話である。帰巣本能を持つ「けものたち」のように

1924年3月東京生まれ。
父親が満洲医大付属病院の医師だったため、少年期を満洲の奉天で過ごす。高校進学のため単身帰国し、1944年帝大医学生の時、敗戦が近いことを知り、再び満洲の家族のもとへ。

1932年福岡県生まれ。
生後まもなく朝鮮半島に渡り、1947年に平壌から引き揚げた。

故郷日本へと向かう日本人。しかし、それは砂漠の逃げ水のように、近づいていったと思うと、さらにその先へと逃げてしまうような、蜃気楼のような「日本」という故郷にほかならないのである。
　安部公房自身の満洲体験と、『けものたちは故郷をめざす』には、いささかの隔離があると思われるが、今まで信じていた「国家」の一瞬のうちの崩壊、無政府、無国籍の世界に投げ出された少年の驚愕と不安と恐怖は、安部公房のような文学者に、きわめて実存的な不条理感覚を与えたことは否定できないだろう。安部公房の文学世界に顕著な砂漠を彷徨するような徒労感や、安定した生活を奪われた流浪する人間の感覚などは、崩壊した国家や社会から投げ出され、置き去りにされた体験に根ざしていると考えられる。これは、いわゆる「外地引き揚げ派」といわれる戦後の日本の小説家たち——五木寛之や三木卓、日野啓三や後藤明生《めいせい》といった作家に共通する浮遊感覚といえるかもしれない。

三木卓

1935年東京生まれ。
生後すぐ大連に移住。敗戦の引き揚げの時に、父と祖母を亡くす。

日野啓三

1929年東京生まれ。
小中学校を朝鮮で暮らし、敗戦後に、父親の故郷の広島県へ引き揚げる。

もう一つは、宇能鴻一郎《うのこういちろう》の『野性の蛇』である。これは満洲からの引き揚げの途中で、性暴行の現場を見て、それがトラウマとなった日本人少年が、長じて、その性的トラウマに悩むという物語である。戦後の日本のエンターテインメント小説が、ポルノ的なものとヴァイオレンス的なものに傾きがちだったことは周知のことと思われるが、そのポルノ的な傾向の代表的な書き手が、宇能鴻一郎で、その性的なトラウマの原点として、満洲国崩壊時における、性的暴力があったことを、『野性の蛇』などの作品が証言している。また、『密儀・不倫』などの作品にも、満洲からの引き揚げ時の性的体験が、登場人物たちのセックス感覚を歪めてしまったという設定があり、戦後文学については、純文学とエンターテインメントの双方において、満洲体験が強く、濃い影を落としていることが知られるのである。

こうした満洲国から引き揚げの体験、経験は、各世代を通じて、性差や階層差なども含めて、さまざまな形と方法で語られ、記録され、表現されているのだが、そこからまとまった形として、共通項としての理解や結論や集約された意見などを導き出すことはできない。それはただ、それぞれの苦難と苦痛と苦悩に満ちたものであったということだけが、共通しているだけである。それは、表面的に表現されている場合もあれば、その作品世界の背後に隠されて存在する場合もある。ほとんど無数といってよいほどのそうした「ポスト満洲文学」については、ポストコロニアリズム文学として再認識される必要があるだろう。

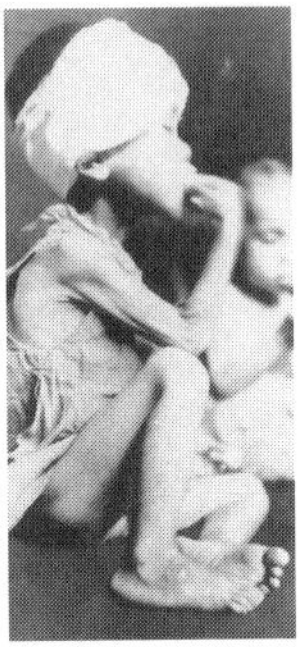

満洲（外地）引き揚げ派の文学

戦後の日本文学の世界には、満洲から引き揚げてきた日本人、その子弟が活躍している例が少なくない。引き揚げ者としては本文で取り上げた安部公房、宇能鴻一郎がそうであるが、他には水上 勉《みなかみつとむ》（『瀋陽の月』）、木山捷平《しょうへい》（『大陸の細道』）、橘 外男《たちばなそとお》（『神の地は汚された』）、宮尾登美子（『朱夏』）、清岡卓行《たかゆき》（『アカシヤの大連』）、三木卓（『われらアジアの子』）、石沢英太郎（『つるばあ』）、新田次郎（『望郷』）、藤原てい（『流れる星は生きている』）、別役《べつやく》実、宮内《みやうち》勝典《かつすけ》などがいる。引き揚げ者の子弟としては赤川次郎、なかにし礼などがいる（カッコ内は、満洲を舞台、素材とした主な作品）。

これらの作家、作品には、国家や政府といった権力に対する否定や嫌悪、不信を表明していると思われるものがあり、満洲の引き揚げ体験がそうした文学精神の基となっているものと思われる。ただし、清岡卓行の『アカシヤの大連』などの一連の大連小説のように、ノスタルジーと感傷性に満ちた「満洲もの」の文学も、近年になるほど増えているといえる。旧満洲地域の観光旅行が解禁され、旅順の戦跡観光さえ復活している現在において、「満洲国」は懐かしいもの、興味深いものとして、肯定的にとらえる向きも少なくなく、日本が中国に与えた害悪という視点が希薄となっているという印象さえある。実際の満洲体験、引き揚げ体験のある体験者が少なくなるにつれ、そうした傾向が目立つようになり、歴史の記憶の継承や、その検証に今後の研究課題があるというべきなのである。

朝鮮、台湾などの「外地」からの引き揚げ派を含めると五木寛之、後藤明生、日野啓三、山村美沙などがいて、純文学、エンターティンメントの両分野にまたがり、多士済々である。その他、シベリアや外蒙古の抑留者のなかにも、詩人の石原吉郎、高杉一郎、内村剛介などがいて、胡桃沢耕史《くるみざわこうし》はその抑留体験を描いた『黒パン俘虜《ふりょ》記《き》』で直木賞を受賞した。さらに樺太（サハリン）、南洋群島、東南アジア（南方）からの引き揚げ者も数多くいて、少なからぬ文学作品を残した。

満洲引揚者

安部公房（奉天）、宇能鴻一郎（奉天）、三木卓（大連）、石沢英太郎（大連）、橘外男（新京）、別役実（新京）、新田次郎（新京）、藤原てい（新京）

外地引揚者

五木寛之（朝鮮）、日野啓三（朝鮮）、後藤明生（朝鮮）他

3

引き揚げ者たちの文化的活動について、ここではちょっと特殊な例をあげてみよう。「中国引揚げ漫画家の会」という会があり、そこの編ということで『ボクの満州』という文章と挿絵による本が刊行されている。「漫画家たちの敗戦体験」と副題があり、上田トシコ、赤塚《あかつか》不二夫《ふじお》、古谷《ふるや》三敏《みつとし》、ちばてつや、森田拳次、北見けんいちなどの、戦後のギャグ漫画、スポーツ漫画の隆盛を担った錚々たるメンバーが執筆している。

目　次

上田トシコは、1917年生まれで、生後40日から満洲のハルビンで成育し、一時日本で女学校を出たが、卒業後はハルビンに戻り、満洲日日新聞に勤め、28歳のときに敗戦を迎え、1946年に日本へ引き揚げる。

彼女の代表作である『フイチンさん』は、『少女クラブ』に連載されたものだが、ハルビンの中国人富豪の家で門番の娘として暮らす、明るく、元気な中国人少女フイチンさんを主人公としたこの作品が、作者上田トシコのハルビン生活の体験を基にしたものであることは一目瞭然だろう。その漫画作品のなかには、貧しい白系ロシア人の親子や、第二夫人、第三夫人を持つ中国人の富豪や、それに仕える執事、料理人、門番などの中国人社会が描かれており、日本の少女漫画の世界では、異質な「世界」を描いたユーモア作品であり、主人公が中国人で、日本人がほとんど出てこないという点でも、異色なものだったが、上田トシコの来歴を見れば、それは戦前の日本社会において、とりわけ特別なものとは思われていなかったようだ。戦後における、植民地としての満洲や朝鮮、台湾についての意図的な記憶の喪失（隠蔽）現象があったのである。その意味では『フイチンさん』は、例外的な「植民地の記憶」をしっかりと留めた作品として評価できるのだ。2005年には、あにまる屋によって、『フイチンさん』は、長編アニメ映画として再生された。

戦後のギャグ漫画の代表者ともいえる赤塚不二夫も、1935年に万里の長城の付近で生まれたと自らいっている「外地」出身の漫画家であり、その荒唐無稽なナンセンスなギャグとキャラクターは、〝日本離れ〟しており、その背景の基点に、揎撫工作員憲兵をしていた父親に伴われて、満洲を転々としていた幼少年時代があったといえるかもしれない。

敗戦を満洲で迎えた彼は、シベリア送りとなった父親と別に、母親と6人のきょうだいとともに日本へ引き揚げる。その過程で幼い妹に死なれた赤塚少年は、満洲国崩壊の際の中国人の暴動や、引き揚げの苦難を体験している。「ボクの原体験と言えば……」と、彼は自問自答している。「赤い夕陽とメーファーズ」ではないか、と。メーファーズは、中国語で「没法子」すなわち「仕方がない」「どうしようもない」という、諦めと覚悟のよさを意味するコトバである。もちろん、これは単に諦念、諦観を意味するだけのコトバではない。諦めの底に、ふてぶてしく現実や現状を〝仕方なく〟認めるという反撥や反骨の気持ちもあり、中国人の苛酷で悲惨な長い歴史に対する、したたかな個人としての対処法といってもよい。長いものには巻かれよ、泣く子と地頭には勝てぬ、とうそぶきながら、そうした現実に対して、いつも一矢でも報いようとしている抵抗心や独立心。「これでいいのだ！」といいながら、決して現状を肯定しているわけでも、保守の心情に取り込まれているわけでもないバカボンのパパの姿勢こそ、引き揚げ者たちの、最後まで生き延びようとするアナーキーな生命力、生活力を

1935年万里の長城付近生まれ

これで
いいのだ！
赤塚不二夫

示しているように思われるのである。

古谷三敏は、1936年、満洲の奉天（瀋陽）生まれ、父親は奉天で寿司屋を経営していた。森田拳次は1939年東京生まれで、３歳のときから奉天で育つ。父親は鞄工場を経営していた。ちばてつやは、1939年東京生まれで、生後間もなく、朝鮮に移り、のち満洲奉天に移り住んだ。父親は印刷会社勤務だった。北見けんいちは、1940年、満洲国の首都だった新京（長春）に生まれた。父親は印刷会社勤務、母親は食堂を経営していた。

これらの少年たちが、戦後の日本に帰ってきて、赤塚不二夫を中心とするギャグ漫画の集団となったり、ちばてつやのようにスポーツものや、少女ものの代表的な作者になったりしたのである。

こうした漫画家たちを満洲引き揚げ組として一括りにすることは困難だし、あまり意味があるとも思えないが、強いていえば、さまざまな形での文化的伝統にとらわれず、個人の生活感覚を重視した、現状肯定的な平和的志向が顕著であるといえるだろうか。また、少年少女たちのたくましい生活力の発揮という面においても、その漫画表現の特質を見ることができるかもしれない。それは、それ以前の世代、そしてそれ以後の世代とも隔たりを持った、まさに満洲引き揚げ世代に特徴的なものといえるのである。

こうした引き揚げ体験を、漫画という平明な形で後世に伝えるというのは重要なことであり、今後も各分野で持続的に行われることが期待されるのである。

『ボクの満州』

「中国引揚げ漫画家の会」編による画文集。1995年7月に亜紀書房から刊行された。執筆者は上田トシコ「祖国をはなれて」、赤塚不二夫「『メーファーズ』――これでいいのだ!!」、古谷三敏「中国原体験の光と影」、ちばてつや「ぼくの満州放浪記」、森田拳次「ぼくの満引き（満州引き揚げ）物語」、北見けんいち「記憶の糸をたぐり寄せて」、山内ジョージ「わが故郷、大連」、横山孝雄「豆チョロさんの戦争体験記」、高井研一郎「上海に生きて」の9人であり、座談会「ボクの満州・中国」が執筆者全員によって行われ、漫画評論家の石子順が「あとがきにかえて」を書いている。

戦後のギャグ漫画を代表する赤塚不二夫と、その弟子筋の古谷三敏、森田拳次、北見けんいちなどが、満洲引き揚げ組であるということは興味深い現象だろう。この本の企画自体は、森田拳次が中心となって行われたらしく、彼は1999年にあゆみ出版から『マンガぼくの満州』上下巻を刊行している。そこにも、北見けんいちやちばてつやなどが寄稿している。

森田拳次

山内ジョージ

古谷三敏

高井研一郎

石子 順

北見けんいち

VIII 戦後日本と「満洲国」

1

戦後日本は、〝帰る〟ことから始まった。おびただしい数の犠牲者を出しながら、それでも日本軍は、中国や朝鮮や台湾、太平洋の島々や、東南アジアに散らばって〝生き残り〟として存在していたし、植民地としての日本の「外地」に移民も居留民も徴用された人々も多数生存していた。兵士たちは復員兵として、民間人は戦争難民として、日本の本土に〝帰ってくる〟ことを余儀なくされたのである。

とりわけ、500万人の移民計画が立てられていた「満洲国」には、入植地から追われて難民化、流民化した開拓移民とその家族、青少年義勇隊の多くの帰還待機者がいた。数百万人の規模の移民が存在して、ほとんど唯の一人も残さずに（日本人残留婦人、残留孤児という特例は存在するが）、それらの人々が母国に帰国したというケースは、世界の移民史上でもきわめて珍しい例として、日本の満洲国移民と、その引き揚げという事例があったのである。

復員兵、引き揚げ者たちは、大日本帝国や、日本軍からの保護や庇護、組織的なまとまりもなく、中国の国民軍、共産軍といった、戦争の勝者によって、追放同然の帰国を迫られたのである。崩壊した満洲国からの出口となった葫蘆《ころ》島の港まで、日本人難民は、思い思いにたどり着かなければならなかったのである。

断末魔の関東軍に所属していたり、徴用されたにわかづくりの兵士たちには、シベリア送りという苛酷な運命が待っていた。日ソ中立条約を破棄して、満洲国に侵攻してきたソ連軍は、シベリア地域の労働力不足を補うために、日本人兵士たちを労働者として徴発したのである。ソ連との、日本人捕虜の労働供与の密約に関係したといわれる関東軍参謀の瀬島龍三は、戦後日本の高度経済成長の立て役者として活躍するが、それは満洲国の負の遺産として、戦後の日本社会があることを示している。満洲国が、多くの非日本人の人々の犠牲の上に成立していたように、戦後の日本社会は、引き揚げ者たちや、シベリアや中国での残留者や徴用者、そしてもちろん、帰国すら叶わなかった多くの死者たちの犠牲の上にその成長と繁栄を築き上げることになったのである。

特に、戦後日本社会において、継続して政権を握っていた（一時の政権離脱はあったものの）自由民主党と満洲人脈（あるいは植民地の統治人脈）は、顕然としたものである。

その象徴的な例として、満洲国の産業部次長（のち、総務庁次長）で、実質的な満洲国の統制経済、産業計画の立て役者だった岸信介の総理大臣就任ということがある。

「満洲国の産業開発は私の作品」とうそぶいたといわれる岸信介は、戦争犯罪人として、巣鴨プリズンに収監され、戦犯裁判、公職追放という〝禊《みそぎ》〟を経て、自由党と民主党の保守合同による自由民主党の第３代総裁となり、満洲問題では、むしろ両極の立場にいた石橋湛山の病気による総理大臣辞任を受け、1957年、第56代の日本国総理大臣の椅子を射止めたのである。彼は、満洲国時代からの子飼いともいえる椎名悦三郎（岸が産業部次長のときに統制課長）や、大平正芳、伊東正義などの植民地行政の興亜院にいた官僚政治家や、実弟の佐藤栄作などの人脈をフル活動させて、灸昭和の妖怪球といわれるような政治的、社会的な立場を固めた。その背後に見え隠れするのは、右翼の児玉誉士夫が深く関与していた日本軍の秘密組織・児玉機関の資金や、韓国との国交交渉や、インドネシアなどの東南アジアへの賠償金をめぐる灸闇球の資金の流れなのである。

それは、満洲国がアヘン政策によって裏経済社会をつくり上げていたように、日本の戦後社会の裏の経済組織、背後の黒社会との癒着、密着を示すものにほかならなかったのである。

1950年代末の岸信介政権による日本の統治は、かつての彼の古巣であった商工省の後身である通商産業省（通産省）を中心とした、産業経済の発展、拡大を目指すものだった。それは戦時下や満洲国での統制経済を彷彿とさせるような、輸出入貿易の管理や、機械工業分野などを重点的に支援、バックアップする統制・管理を通産省によって徹底化させるという官僚体制だった。

そのため、のちのアジア経済研究所（ＪＥＴＲＯに吸収される）につながるアジア問題調査会を援助するなど、経済調査、とりわけ東南

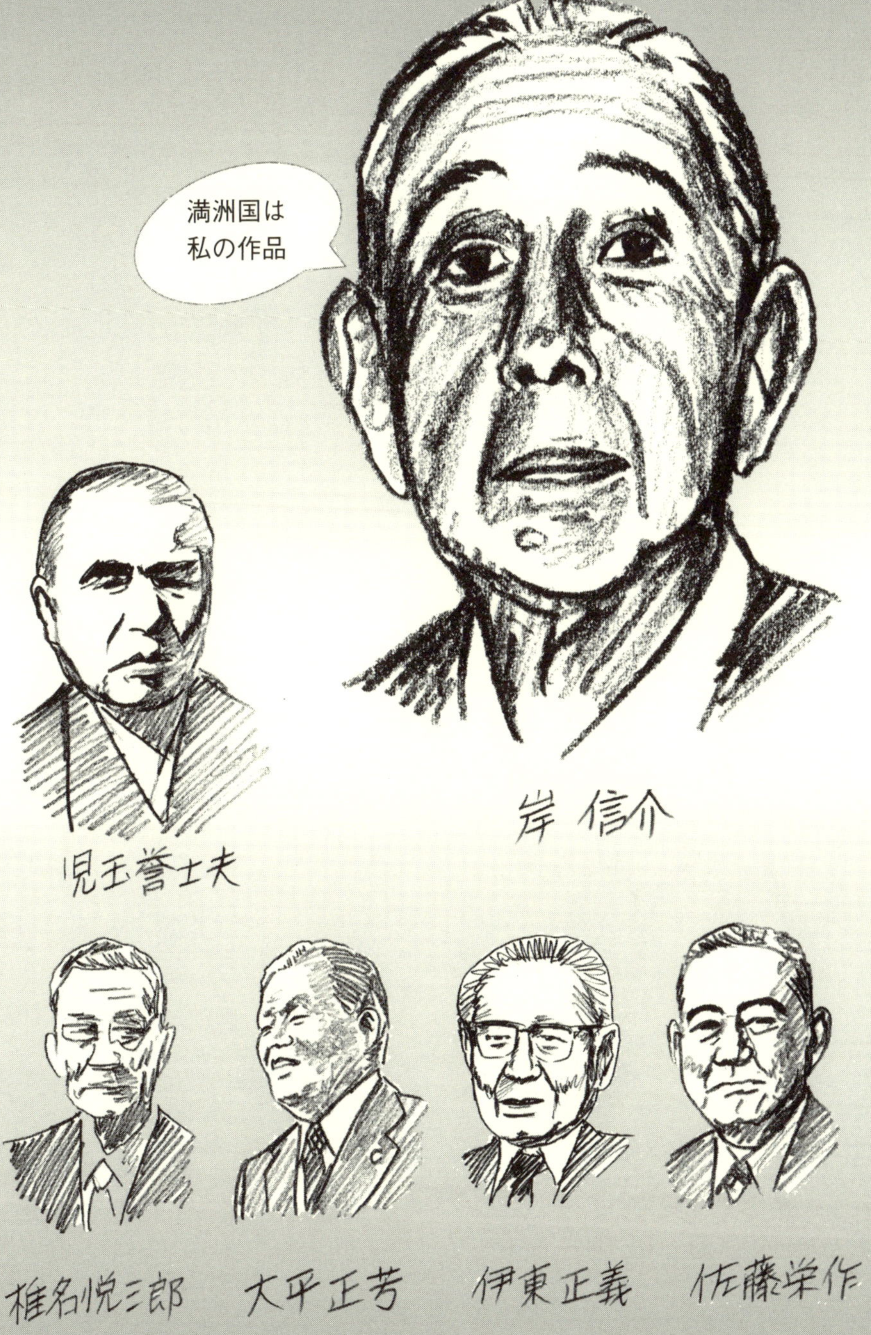
満洲国は
私の作品
岸 信介
児玉誉士夫
椎名悦三郎
大平正芳
伊東正義
佐藤栄作

アジア諸国の調査などを行って、それらの国々との経済的結びつきを重視した。アジア問題調査会は、満洲国の大同学院を出て、満洲国官吏だった藤崎信幸や満鉄調査部出身の原覚天《はらかくてん》が設立したものだった。

また、第二次岸内閣の通産大臣には、高碕達之助が就任している（椎名悦三郎が官房長官）。高碕は、日産コンツェルンの創設者の鮎川義介を跡を継ぎ、満洲重工業開発会社の２代目総裁として満洲国の産業開発に大きく足跡を残したと同時に、東北日僑善後連絡総処の主任として、居留民の引き揚げ活動に貢献した。通産大臣などを歴任した後は、満洲時代以来の中国との太い人脈的、経済的パイプを通して、日中国交回復以前の日中貿易、いわゆるＬＴ貿易（Ｌは廖承志《りょうしょうし》、Ｔは高碕の頭文字）の実現に尽力した。

朝鮮や満洲での水力発電開発を行ってきた久保田豊は、岸の満洲人脈の一員で、戦後は東南アジアの水力発電開発に携わった。これらの開発援助の日本からの戦争賠償金が、自民党政治、岸人脈の形成のための裏金、あるいは東南アジアの反共政権維持のための秘密資金の温床となったことは、単に〝黒い噂〟にすぎなかっただけとは思えないのである。満鉄理事だった十河信二が、戦後に国鉄総裁となったのも、満洲人脈の一つの戦後的展開だった。

なお、北朝鮮での豊富な水力発電を利用した日本窒素の化学肥料工場は、戦後は水俣に戻り、1965年チッソとなった。里海としての不知火海に水銀を垂れ流し、水俣病の被害を発生させたことは、こうし

朝鮮・満洲の
水力発電開発
→戦後は東南アジアへ

満鉄理事
→国鉄総裁

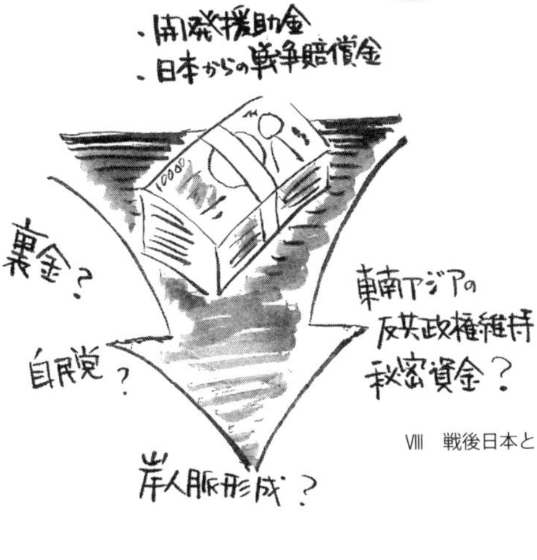

た植民地企業としてのチッソ（日本窒素）の企業的体質とも関係しているという指摘がある。

彼らの経済政策、産業政策は、政治による統制・管理経済であり、まさに殖産興業の国家社会主義的な施策だった。また、戦中の大東亜共栄圏構想は、東南アジアからのエネルギー、原材料の輸入と、工業製品、消費物資の輸出というアジア交易圏の拡充へと転換された。イデオロギー的には反共保守の日本主義が中心に掲げられていたが、経済的合理性や実益のためには、社会主義的施策や、敵対陣営や勢力との政治的妥協もためらわなかった。日本の戦後の高度経済成長は、満洲国におけるそれとはまったく同じではないものの、「満洲国」での壮大な実験過程を経て、ブーメランのように、日本へ戻ってきて、再び試みられた経済政策だったといってよいのである。

もちろん、それは単なる満洲国の再来ではない。満洲国という新国家の建設という夢において実現できなかった部分、その失敗の部分を吟味することによって、保守自民党の夢見る「王道楽土」としての戦後日本の幻影を構築しようとしたのである。

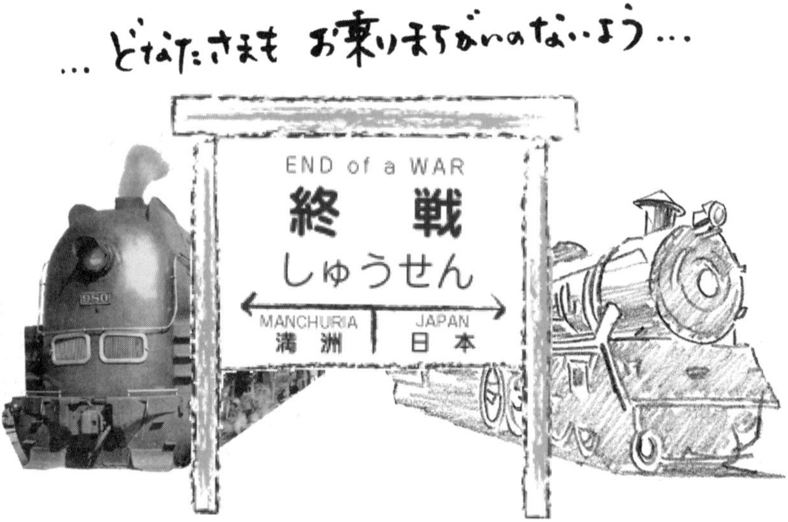

これは、戦後の保守政権の悲願といってもよかった。岸政権を受け継いだ自民党による日本国家の統治のなかでも、第67代総理大臣となった大平正芳は、農林省から興亜院に入り、蒙疆地域にあった蒙疆政権の担当の官僚として活動していたし、大平の急逝を受けて総理大臣臨時代理となった伊東正義も、興亜院で植民地行政に携わっていた。岸の実弟の佐藤栄作が第61（～63）代総理大臣となり、女婿の安倍晋太郎が外務大臣などの重職を歴任し、その息子の安倍晋三（岸信介の孫）が、短期間ながら総理大臣（第90代）となったのも、こうした岸人脈（血脈）が、戦後の自民党政治のなかに脈々と息づいていたことの証明といえよう。

だが、断末魔の岸政権が、国会議事堂を十重二十重に取り巻く「安保反対」のデモ隊による、岸退陣要求の大きなうねりによって崩壊させられたことを思い起こせば、〝満洲の影〟が、全面的に戦後日本の社会を覆い尽くすことは困難だったのであり、主権者としての日本国民の抵抗感は強かったのである。

2

自民党などの保守陣営とは反対に、社会運動、社会主義、共産主義運動に関わった「満洲帰り」の人々がいる。満鉄調査部にいた中西功や石堂清倫などの例で、日本に帰国後は、日本共産党に入党し、共産主義活動を行った。もともと、彼らは戦前・戦中の社会主義運動からの偽装転向者として、満鉄の調査部に拾われた、あるいはもぐり込んだ人々で、日本の帝国主義、軍国主義体制が崩壊して、共産主義活動が公認されると、いちはやく元の古巣に戻ったともいえた。伊藤武雄、尾崎庄太郎も、日本に帰ってからは中国研究所など、中華人民共和国に近い立場で社会運動を行い、日中友好のために、革新陣営において尽力したのである。

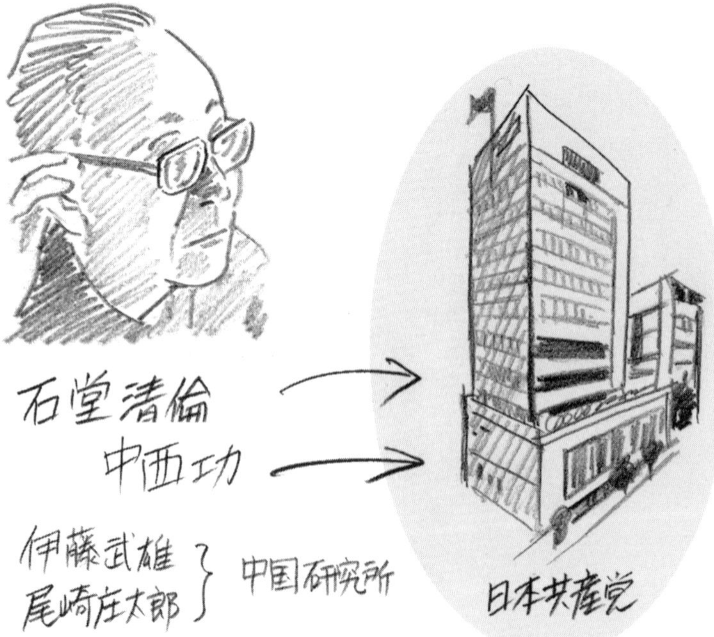

満鉄調査部出身者には、学者、研究者の道を歩む者も多く、具島兼三郎は九州大学で植民地研究を行い、天野元之助は京大、岡崎次郎は九大、法政大学で教鞭を執った。野間清は愛知大学、野々村一雄は大阪市立大学、一橋大学に勤務し、原覚天は関東学院大学で開発経済学に進み、それぞれの専門の研究を行い、後進たちを教育したのである。

しかし、これらの満洲国建国の反省の上に立ったと思われる研究者や学者たちが、戦後の民主的な社会建設に一臂を仮したことは認められても、日本の保守派の〝満洲の影〟に代わりうるような新国家のビジョンは打ち出せないままに、まさに岸信介の作り上げた55年体制に巻き込まれていったといっても言い過ぎではないだろう。社会党や共産党を、保守自民党の野党としての補完勢力として、冷戦下に、高度経済成長による経済大国化を目指すという自民党のビジョンは、半世紀以上にわたって、日本国の政策を決定する重要な条件となっていたのである。

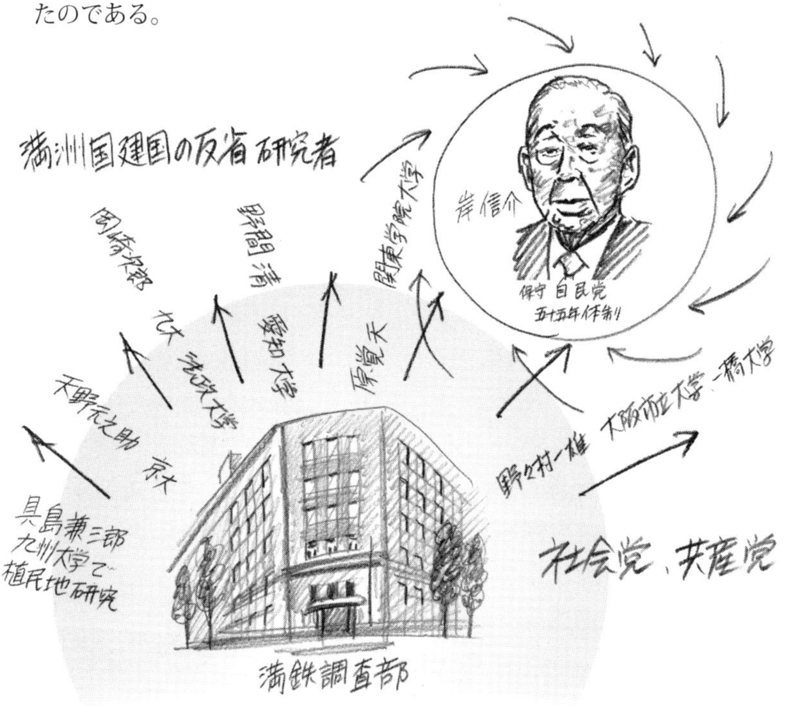

「満洲帰り」の人々が、戦後日本社会の一角を担ったという意味では、満洲映画協会に関係した人々が、戦後の映画界に復帰、活躍したことなどがあげられる。満映本社で、理事長だった甘粕正彦の服毒死を見守った一人とされる赤川孝一（作家・赤川次郎の父）は、大映、東横映画などを経て、東映動画のプロデューサーとして、日本における最初の長編カラー・アニメーション映画『白蛇伝』の制作者として名前を連ねている。記念すべき日本の最初の長編漫画映画（総天然色）が、中国の古い伝説を原作としていることに、〝満洲の影〟のようなものを感じざるをえないのである（２作目の『少年猿飛佐助』の原作は、『満洲浪曼』の同人作家だった檀一雄。３作目も中国ものの『西遊記』だった）。

マキノ光男の下に満映出身の坂上休次郎、坪井与、岡田寿一、大森伊八、石渡錠太郎などが幹部となって発足した東横映画は、1951年に東映となり、時代劇中心の娯楽映画製作会社として、今日までも続いている。マキノ雅弘、内田吐夢などの、日本映画を代表する監督も、満映、東映と継承される系譜に所属しているのである。李香蘭こと、山口淑子も、日本に帰国して映画俳優として活動を続け、その数奇な半生は、ミュージカル『李香蘭』として、劇団四季の一枚看板の一つとなっている。

これらの人々の活動が、保守的な心情を日本の社会にもたらしたことを否定するのは難しいだろう。山口淑子（李香蘭）は、戦後、美術家のイサム・ノグチと結婚し、ノグチが、広島の原爆慰霊碑の設計の担当を請け負ったことがあった。時の広島市長の決定だったが、原爆投下の主体者である米国の二世の美術家に平和記念碑の設計を任せるということに反対論が湧き上がった。このとき、山口淑子は広島へ出向き、夫の設計担当の実現を強く訴えたという。もちろん、このことで、山口淑子の保守的心情を云々するわけではない（彼女は、長い間、自民党の参議院議員として政治活動を行っていたが）。

その当時の広島市長が、原爆投下の跡に、広島復興のシンボルとしての平和祈念公園を企画したとき、その都市計画のモデルとして、満洲国の首都・新京（長春）の都心建設計画があったことを指摘しておきたい。当時の広島市長・浜井信三は、戦中期においては、満洲国の下級官吏（課長）だったのであり、平和都市・広島の復興計画にも〝満洲の影〟が射していたという、これはきわめてシンボリックな一例なのである。

しかし、もちろん、開拓移民として満洲国に渡っていった人々は、行ったときよりもさらに貧しい形で、そこから〝雄飛〟したはずの元の日本の場所に戻ってこざるをえなかった。また、そもそも郷里の貧しい農村から締め出されるように、あるいは追い出されるように渡満した人々には、故郷にはすでに帰るべき土地も家もなかった。日本の国内に帰還して、さらにそこから再び開拓民として、日本のさらに辺鄙な、未開拓の土地へと移っていった人も少なくなかったのである。

山梨県の上九一色《かみくいしき》村に富士ケ嶺開拓団として入植した人々も、そうした満洲からの引き揚げ者であり、再び開拓農民として富士山麓に移り住んだのである。その一人、竹内精一は、満蒙開拓青少年義勇団に志願した青少年義勇軍の一人であり、富士ケ嶺開拓団の一員として、この地に定住の土地を求めてやってきたのである。

だが、開拓地に定着して約50年、半世紀も経ってから、彼は、もう一度、あの「満洲国」時代の悪夢のような状況に直面しなければならなかったのである。異様な宗教的集団が、その地に新たなる「帝国」をつくり上げようと、国有地を買収して、奇妙な建物を建て集団生活

竹内精一

を始めたのである。
「満洲国」の青写真の修正的な現実性とは別に、その理念的な国家体制を日本の戦後社会において実現させようとした空想的な試み、すなわち「満洲国」の負の遺産の継承と思えるものが、もう一つ登場した。それは、1995年に、松本サリン事件や地下鉄サリン事件を起こすことによって、「内乱罪」の適用までもが論議されたオウム真理教の事件である。

これは岸信介などの満洲国をモデルとした戦後日本の高度経済成長がその頂点に達し、バブル崩壊や、冷戦の終結など、時代と社会の明らかな転換期に起きた象徴的な事件である。

オウム真理教の教団が、教祖の麻原彰晃を元首とする「オウム帝国」の建国を目指していたことは、いかにその建国構想が杜撰《ずさん》で幼稚なものであったとしても、ミニ国家としての教団組織を持っていたことにおいて明白だった。法務省だの防衛省だのといった縦割りの省庁組織と、サリンなどの化学兵器、生物兵器、小銃などの武器を製造、所蔵、使用したというその軍事的、暴力的体質は、関東軍の隠れ蓑としての国家体制を保持していた「満州国」と、その疑似国家体制としては大同小異のものだったといえる。

ハルビン郊外にあった７３１部隊が、生物兵器や化学兵器の製造実験場であり、人権をまったく無視した人体実験の場所であったことと、オウム教団が手段を選ばない「暴力」装置を開発しようとして、最低限の人間性を放棄してしまっていたことども、それは通底する。

満洲国が、すでに述べたように、石原莞爾の日蓮思想や、大峯会の仏教思想、星野直樹や武藤富雄のキリスト教的千年王国思想などを背後に持つ、疑似宗教国家であったことも、オウム帝国との親近性をうかがわせるものである。「王道楽土」の思想は、その基壇に日本民族の選民思想を持つものであり、オウム真理教の「神仙」を目指す超人志向には、明らかにファナチックな宗教的狂気が介在していたのである。これは、大本教の出口王仁三郎が、中国の宗教的結社である紅卍会と組んで、満蒙・蒙疆地域にその勢力を伸展させようとした試みとも同質のものを感じさせるのである。

また、オウム教団がその帝国建設の根拠地としたのが、山梨県の上九一色村であり、そこが、満洲開拓移民団が、満洲から帰還して、再入植した、満洲開拓移民と深い因縁を持っていたことも、偶然のこととはいえ、「オウム帝国」と「満洲帝国」との精神的なつながりを象徴的に示すことがらといえる。

つまり、近代の日本人が、新しい国家や社会を構想するときに、常に参照されるのは、「満洲国」という疑似国家の試みであり、それは北一輝や石原莞爾、あるいは昭和維新などを唱えた国家主義者、日本主義者たちの妄想・幻想のたどり着く極点なのである。

国家元首（神聖法皇）

- 新信徒庁
- 西信徒庁
- 東信徒庁
- 防衛庁
- 車両省
- 流通監視省
- 郵政省
- 労働省
- 商務省
- 文部省
- 法務省
- 建設省
- 治療省
- 第二厚生省
- 第一厚生省
- 科学技術省
- 自治省
- 大蔵省
- 外務省
- 諜報省
- 究聖音楽院
- 法皇内庁
- 法皇官房

満洲開拓移民として塗炭の苦しみを味わった、竹内精一をはじめとした上九一色村の富士ケ嶺開拓団の人々。その人々を襲った〝満洲国の亡霊〟が、オウム帝国を目論むオウム真理教団であり、それはあたかも半世紀遅れの満洲帝国の危険なパロディーとして、こともあろうに、満洲開拓移民団の再入植した地に出現したのである。

帝冠様式の建築物ではなく、サティアンと呼ばれる、不気味な731部隊の工場群のような建物として。

もちろん、オウム帝国は、〝二度目は喜劇〟として、自壊の道をたどったのだが、そこには少なからぬ犠牲者が生み出された。戦争以来、おそらく兵器（サリンというガス兵器）によってもっとも多くの死者、負傷者が出たのが、松本サリン、地下鉄サリン事件といってよかっただろう。オウム帝国は、さらに生物兵器（細菌兵器）、火気、戦闘機、戦車等の軍備を計画していたと伝えられる。

「満洲帝国」の幻影は、消え去ってはいない。それは、日本人が新しい国家建設、新しい政治体制を夢見ようとするときに、頭を持ち上げてくる怪物としてのキメラである。それは単なる国家主義や国家社会主義、民族主義を超えたところで目論《もくろ》まれる究極的なナショナリズムの発露である。そうした〝満洲の影〟から抜け出すため には、私たちは、「国家」や「社会」というものの在り方を、もう一度、根本的に考え直すことを迫られているのではないだろうか。

年表「満洲国」

894	8.1	日清戦争始まる。
1895	4.17	下関条約調印。日清戦争終わる。
	5.4	遼東半島還付を決定。独仏露に通告。
	6.3	露清密約（李・ロバノフ条約)。ロシアが東清鉄道の施設権獲得。
1900	9.7	義和団事件最終議定書（辛丑和約・北京議定書）締結。
1901	9.17	列国連合軍が北京撤退完了。
1903	2.10	日露戦争始まる。
	2.23	日韓議定書調印。
1904	5.30	日本軍が大連占領。
	9.4	日本軍が遼陽占領。
1905	1.13	日本軍が旅順占領。
	3.10	日本軍が奉天占領。
	9.5	日露講和条約（ポーツマス条約）調印。日露戦争終わる。
	12.22	日清が満洲に関する条約調印(ロシアの利権を日本が引き継ぐ)。
1906	11.26	南満洲鉄道株式会社（満鉄）設立。
1907	4.20	満洲に東三省総督を設置し清朝内地と同じ行政区域とする。
	4.23	満鉄調査部設置。
	10.	満鉄付属地を直接行政。
1908	12.2	溥儀（３歳）が宣統帝として即位。
1909	10.22~12.30	夏目漱石「満韓ところどころ」を朝日新聞に掲載。
1910	8.22	韓国併合に関する日韓条約調印。
1911	9.4	日清、間島に関する協約・満洲５案件に関する協約を調印。
	10.10	辛亥革命。
1912	1.1	中華民国南京臨時政府成立。
	2.12	宣統帝（溥儀）退位、清朝滅亡。
1914	7.28	第１次世界大戦始まる。
	11.7	日本軍、青島を占領。
1915	1.18	対華21カ条要求を提出（5.9 承認)。
1917	3.15	ロシア革命。ロマノフ王朝滅亡。
	7.31	朝鮮鉄道、満鉄に経営を委任。
1919	4.12	関東庁、関東軍司令部設置。満鉄社長制になる。
1920	1.10	国際連盟発足。
1922	12.30	ソ連邦成立。

1927	3.24	国民革命軍、南京占領。英米軍艦が南京砲撃（南京事件）。
	4.18	蔣介石、武漢政府に対抗して南京政府を樹立。
	6.18	張作霖、北京に軍事政府樹立。大元帥に就任。
	9.6	武漢政府、南京政府に合流。
1228	5.3	済南事件（山東出兵の日本軍と北伐軍衝突）。
	5.23	奉天に関東軍の主力移動。
	6.4	張作霖爆札事件。
	10.8	蔣介石、国民政府主席に就任。
	12.29	張学良、国民政府に合流。
1929	9.1	汪兆銘ら北京に反蔣北方政府を樹立。
1931	5.28	汪兆銘ら広東に国民政府を樹立。
	6.27	北満密偵中の中村大尉殺害される
	7.2	万宝山事件。
	9.18	関東軍、奉天郊外柳条湖の満鉄路線を爆破、関東軍総攻撃を開始、満洲事変始まる。
	9.19	関東軍、奉天城占領。
	9.24	日本政府、事変不拡大を声明。
	11.8	天津で日中両軍激突。溥儀、天津を離脱。
	11.18	閣議、満洲へ軍隊増派決定。
	11.19	関東軍、チチハル占領。
	11.27	中華ソビエト共和国臨時政府（端金政府）樹立、主席に毛沢東。
1932	1.1	蔣介石と汪兆銘合体し、新国民政府樹立（広東政府解消）。
	1.21	満鉄調査会新設。
	1.28	上海事変勃発。
	2.2	日本政府、上海へ1個師団、1個混成旅団派遣決定。2.23 さらに2個師団増派決定。
	3.1	満洲国建国宣言、首都新京（長春）。
	3.9	溥儀、満洲国執政に就任。
	4.26	中華ソビエト政府、日本に宣戦布告。
	5.5	上海からの日中両軍撤退の上海停戦協定調印。
	5.15	五・一五事件。
	6.15	満洲中央銀行を設立。
	7.11	満洲国、大同学院を設置。
	9.15	日満議定書調印。
	10.1	リットン報告書、日本へ提出。

	10.15	チャムスに第1次武装移民団が到着。
	12.1	満洲国に日本大使館開設。
1933	1.1	山海関で日中軍衝突、1.3に日本軍、山海関占領。
	2.24	国際連盟総会がリットン報告書を承認、満州国を否定。
	3.27	日本政府、国際連盟脱退を通告。
	4.1	満洲国、非承認国に門戸封鎖。
1934	3.1	溥儀、皇帝になる（帝政実施）。
	9.2	ローマ法皇庁、満洲国を承認。
	11.1	特急あじあ号運転（新京～大連間）。
1935	2.12	日満関税協定成立する。
	3.23	ソ連の北満鉄道（長春～満洲里等）を買収。
	8.1	中国共産党、抗日救国宣言を発する。
	2.26	二・二六事件。
1936	3.25	満ソ国境長子で日ソ軍衝突。
	8.25	満洲国開拓移民、20年で100万戸500万人計画策定。
	11.1	満洲国産業開発５カ年計画案決定。
1937	3.1	満洲国、帝位継承法公布。
	5.1	満洲国、重要産業統制法公布。
	7.7	盧溝橋で日中両軍衝突（盧溝橋事件）。7.11 盧溝橋事件、現地停戦協定成立。
	8.13	第２次上海事変。日中全面戦争（支那事変）に発展。
	8.31	満洲開拓公社成立。
	11.20	大本営設置される。
	11.29	イタリア、満洲国承認。
	12.13	日本軍、南京を占領、大量虐殺事件を起こす。
1938	4.1	国家総動員法公布。
1939	4.1	満鉄機構大改革、大調査部を設置。
	5.14	ノモンハン事件勃発。
	9.1	第２次世界大戦勃発。
	12.22	満洲開拓政策基本要綱決定。
1940	9.27	日独伊３国同盟調印。
	10.1	第１回国勢調査実施される。
	10.12	大政翼賛会発会。
1941	4.13	日ソ中立条約調印。
	6.25	日本軍、南部仏印進駐。

	7.	ソ連軍侵攻阻止を名目に関東軍特種演習（関特演）発動。
	8.	生活物資切符制決定。
	10.18	東條英機内閣成立。
	12.8	日本軍マレー半島に上陸、ハワイ真珠湾攻撃。米英蘭に宣戦の詔書、太平洋戦争始まる。
	12.	治安維持法公布。
1942	9.21	満鉄調査部事件。
1943	1.9	日本・汪兆銘政権との間に戦争完遂についての日華共同宣言、同日汪兆銘政権米英に宣戦布告。
	2.1	日本軍、ガダルカナル島からの撤退開始。
	2.26	満鉄機構改革。
	10.17	建国10周年慶祝芸文祭、新京祈念公会堂で開催。
1944	9.	日本・満洲の関税撤廃される。
1945	2.4～11	ヤルタ会談開催。
	5.8	ドイツ、連合国に無条件降伏。
	7.10	在満男子18～45歳根こそぎ動員。
	8.6	広島に原子爆弾投下。
	8.9	長崎に原子爆弾投下。
	8.9	ソ連軍国境より侵入開始。
	8.12	関東軍司令部が通下に移転、中央政府が大栗子に移転。
	8.14	日本、ポツダム宣言受諾決定。
	8.15	正午に玉音放送、日本無条件降伏。
	8.18	皇帝溥儀、退位式（満洲国解消）。
	8.19	溥儀、日本へ亡命途中ソ連軍に抑留。
	8.22	ソ連軍、旅順・大連を占領。
	8.23	ソ連軍、満洲占領を完了。
	9.	GHQの命令により満鉄閉鎖。

「満洲国」に関する最近の文献

冒険小説としての「満洲小説」

船戸与一『満州国演義』（全５巻／新潮社／2007～2999）

現在まで、五巻が刊行されている。１「風の払暁」、２「事変の夜」、３「群狼の舞」、４「炎の回廊」、５「灰塵の暦」。敷島四兄弟を主人公に、日本の近代史を満州国との関わりにおいて描き出す、歴史的冒険小説。『週刊新潮』に連載されたが、作者の病気のため中断され、第五巻までが単行本化されている。長兄の太郎が外交官、次郎が馬賊の長、三郎が陸軍将校、四朗がアナーキズムに心引かれる演劇青年の大学生という設定で、それぞれの役柄を生かした波瀾万丈の物語が展開される。未完のため、「満州国」の全体像はまだ描かれてはいないが、その歴史的な位置づけは明確にされつつある。

浅田次郎『マンチュリアン・リポート』（講談社／2010年）

中国近代史（清末から中華民国）を描く『蒼穹の昴』などのシリーズの「満洲編」。張作霖爆殺事件をめぐって、昭和天皇から直々の命令を受けて、その事件の調査に赴く若い日本人の将校が主人公。満洲事変につながるこの事件をきっかけとして、日本は中国との泥沼のような十五年戦争へと入り込んでゆくことになる。

岩井志麻子『偽偽満州《ウェイウェイマンジョウ》』（集英社／2004年）

岡山の妓楼で女郎をしていた「稲子」は、そこで知り合った中西に伴われて「満洲」へ渡る。気の強い岡山女の彼女は、逆境や苦境に落ち込んでも、持ち前の気丈さと、男へ一途な愛によって、昭和初期の「満洲国」で生き抜いてゆく。大連から新京、そしてハルビン。悪と陰謀と頽廃の横行する満洲での、日本人の女の半生が物語られるのである。

久間十義『ヤポニカ・タペストリー』（河出書房新社／1992年）

祖父の「満洲」時代を追い求める孫の文学上の冒険。出口王仁三郎、植芝盛平、浅野和三郎、石原莞爾などのいかがわしい宗教者、宗教かぶれの連中が、道観で道士となった、主人公の祖父と絡み合うのである。綴れ織り《タペストリー》の歴史絵巻物。それは、前世紀のはかなくも、いかがわしい偽史的の世界の物語なのだ。

家族小説としての「満洲小説」

角田光代『ツリーハウス』（文藝春秋／2010年）

東京にある大衆中華料理屋「翡翠飯店」の家族をめぐる物語。おじいさんの死に落胆するおばあさんを慰めようと孫の良嗣が、おばあさんを旅行に誘う。おばあさん、叔父さんと、孫（甥）の３人の満洲旅行が始まる。おじいさんとおばあさんは、満洲へ行った日本人同士で結婚したのだった。家族の歴史と、日中の近代史とが重なるのである。

なかにし礼『赤い月』（新潮社／2001年）

美咲と公平という二人の子どもを連れて、牡丹江から引き揚げてきた波子の物語。馬車屋の息子の勇太郎といっしょになった波子は、牡丹江で造り酒屋として成功する。しかし、満洲国の崩壊と、日本への引き揚げということで、彼女たちの運命は激変する。

ノンフィクションで描かれた「満洲」

佐野眞一『阿片王　満州の夜と霧』（新潮社／2005年）

満州でアヘンの密売に関わった里見機関の元締め、里見甫についての評伝。「満州国」の裏の闇には、アヘンの栽培、密売によって蓄えられた巨大な資金があった。それを支配していたのが、阿片王と称される里見甫である。作家は、この昭和史の裏面に隠れた人物を追い求め、その功罪を明らかにする。

佐野眞一『甘粕正彦　乱心の曠野』（新潮社／2008年）

前記『阿片王』の続編。満州国の表（満映総裁）と、裏（アヘン密売組織の黒幕）という二つの顔を持っていた元軍人の甘粕正彦の満州時代に焦点を当てたノンフィクション作品。裏の組織で、彼がいかなる野望と野心を持ち、表の満州国を牛耳っていたかを追究する。

小林英夫『満州と自民党』（新潮新書／2005年）

日本の旧植民地をフィールドする経済史学者による、「満州国」と、戦後日本の自民党との関わりを追究した作品。岸信介や伊藤正義、大平正芳など、戦後の自民党の幹部には、「満州」やその周辺の地域の植民地、占領地との関わりが深かった。また、戦後の自民党の経済政策は、「満州国」の統制経済を見習うものが多かった。戦前と戦後の日本社会をつなぐ経済体制について、人物や政策設定過程から見続ける。

劇画の「満洲」

安彦良和『虹色のトロツキー』（全８巻／中央公論新社／2000年）

満州国に設立された建国大学の学生であり、日本・蒙古の混血児であるウムボルトを主人公とする劇画。「五族協和」を建前に作られたこの大学は、漢族、満族、蒙古族、日本人、朝鮮人などの各民族の学生がいたが、理想通りの教育機関とはならなかった。甘粕正彦、辻正信など、一癖も二癖もある教官の下で、民族独立を求めるウムボルトなどの恋と冒険を描き出す。トロツキーは、建国大学設立当初、教官候補としてあげられていたが、実際は赴任していない。

著者の「満洲」関連作品

『異郷の昭和文学　「満洲」と近代日本』岩波新書、1990年

日本人が「満洲」において創作した日本語文学の概観。

『満洲崩壊　「大東亜文学」と作家たち』文藝春秋、1997年

「大東亜文学」と称された、日本の植民地における文学活動を、作家本位に研究。

『文学から見る「満洲」「五族協和」の夢と現実』吉川弘文館、1998年

日本人、朝鮮人、「満洲人」、白系ロシア人の「満洲」における文学を概観した。

『満洲鉄道まぼろし旅行』ネスコ（文春文庫）、1998年（2002年）

1937年の満鉄の時刻表を基に、空想の鉄道旅行をした。原資料、史料や写真が満載。

川村《かわむら》　湊《みなと》………文
1951年2月、北海道生まれ。文芸評論家。法政大学法学部政治学科卒。法政大学国際文化学部教授。
主な著書『補陀落』（作品社・伊藤整文学賞）、『牛頭天王と蘇民将来伝説』（作品社・読売文学賞）、『温泉文学論』（新潮社）、『狼疾正伝――中島敦の生涯と文学』（河出書房新社）、『異端の匣』（インパクト出版会）
編著『現代アイヌ文学作品選』（講談社）

辻下浩二《つじしたこうじ》………イラスト
1952年、福井県敦賀市生まれ。広告エージェント会社などを経て、85年（有）ホワイトスペース設立。
主な受賞＝74年毎日広告賞公共広告部門特選。77年第1回より第3回連続ナーク展入賞、入選。80～82年第8回ワルシャワ・第4回ラハティ・第5回ブルノ・ポスタービエンナーレ入賞、入選。83年第29回秀作車内ポスター展入賞。92年日刊工業新聞企業シリーズ広告1席（岩谷産業）。94年PDCインターナショナルファイナリスト入賞。00～05年21～25回国際読売漫画大賞入賞2回入選2回佳作2回。06～10年全国商工新聞一こま漫画連載。
これまでに制作した主な企業キャラクター＝ブリヂストンタイヤマン／花キューピット／小林製薬のどぬーる／エコレールマーク／小さな親切運動チイエンジェル／クミアイプロパンキャッチくんなど多数。

FOR BEGINNERSシリーズ（日本オリジナル版）
106
満洲国　（Manchuria Studies）
2011年4月29日　第1版第1刷発行

川村　湊………文
辻下浩二………イラスト

発行者
菊地泰博
発行所
株式会社現代書館
東京都千代田区飯田橋3-2-5　郵便番号102-0072
電話（03）3221-1321　FAX（03）3262-5906
振替00120-3-83725　http://www.gendaishokan.co.jp/
装幀
中山銀士
組版
デザイン・編集室エディット
印刷
東光印刷所／平河工業社
製本
越後堂製本
校正協力
岩田純子
 ISBN978-4-7684-0106-4